L'ÉGYPTE

ET

SA RÉFORME JUDICIAIRE

MÉMOIRES, NOTES ET DOCUMENTS

PARIS

AUGUSTE GHIO, ÉDITEUR

PALAIS-ROYAL, 28, GALERIE D'ORLÉANS.

1875

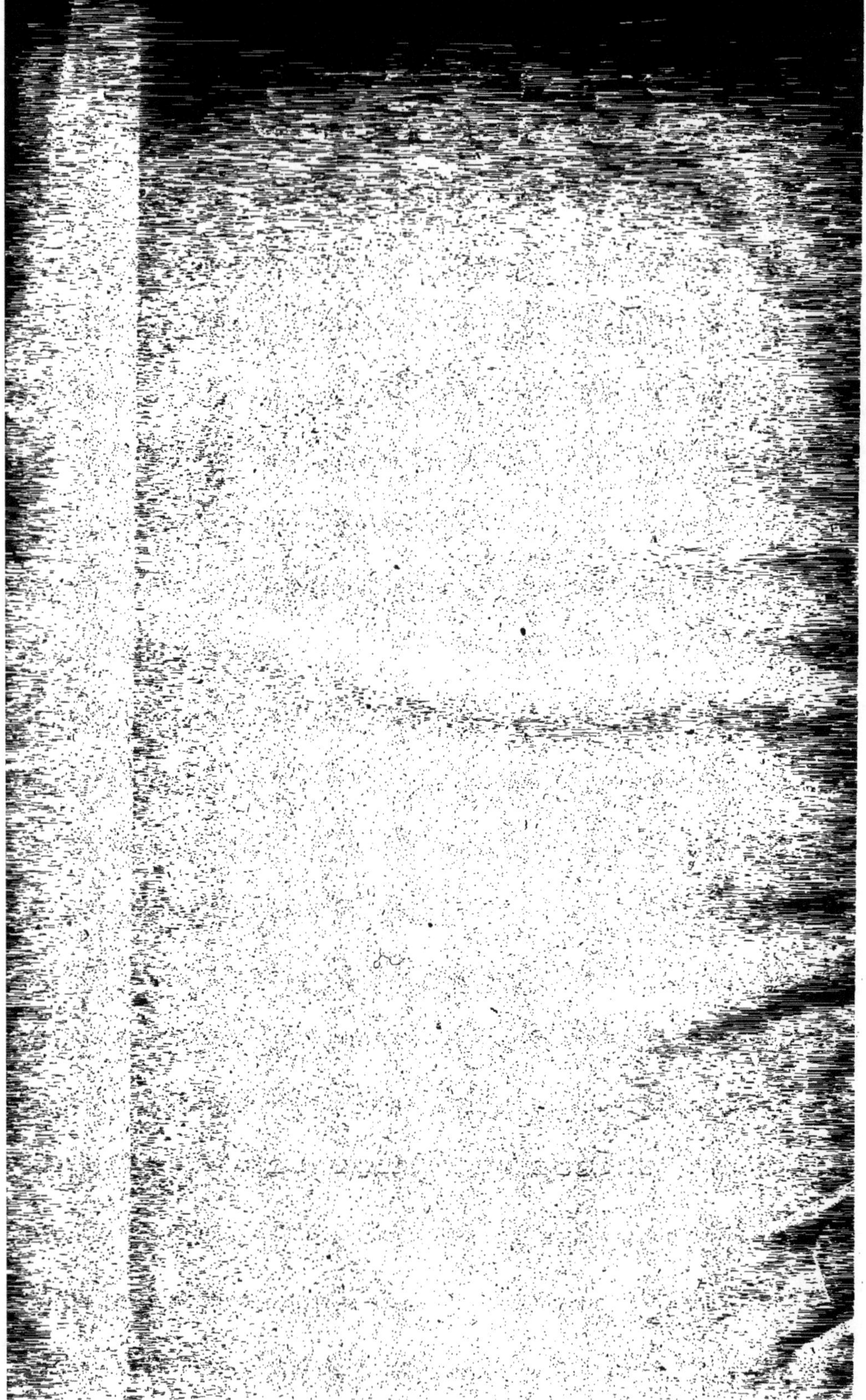

L'ÉGYPTE

ET

SA RÉFORME JUDICIAIRE

PARIS. — IMP. VICTOR GOUPY, RUE GARANCIÈRE, 5.

L'ÉGYPTE

ET

SA RÉFORME JUDICIAIRE

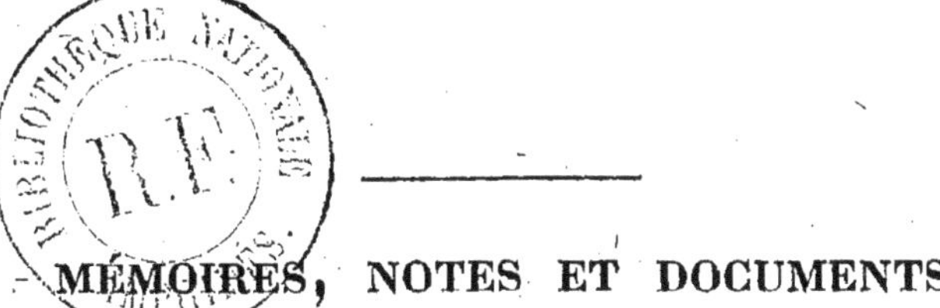

MÉMOIRES, NOTES ET DOCUMENTS

PARIS

AUGUSTE GHIO, ÉDITEUR

PALAIS-ROYAL, 28, GALERIE D'ORLÉANS.

1875

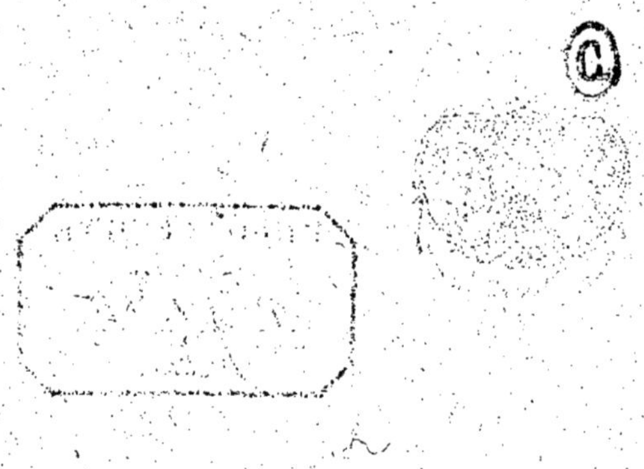

La première édition de cette brochure, destinée aux bureaux de l'assemblée devant nommer la commission, a paru en 1874.

La deuxième édition, comprenant les observations sur l'exposé du Livre Jaune, fut distribuée *aux membres de la commission*, dès le commencement de 1875.

Il n'est survenu, depuis, aucun fait de nature à modifier la conviction de l'auteur.

Le vote du Parlement Italien et l'adhésion *ministérielle* de la Grèce n'ont été que la conséquence de la convention signée au nom du Gouvernement français. Les partisans du projet y puiseront quelques arguments en faveur de leur thèse favorite, qui consiste à dresser devant la France le spectre de l'isolement !

Mais de graves événements ont éclairé d'un jour nouveau les projets secrets que l'on poursuit sous le manteau de la réforme proposée.

La sage longanimité que l'assemblée et la commission ont apportée dans l'examen de cette ténébreuse question, a dépassé les prévisions et déjoué tous les calculs.

Nubar-Pacha, d'abord éloigné parce qu'il avait traité la France de cadavre, a été rappelé.

La Turquie et l'Égypte n'ont pu attendre plus longtemps, et leurs coups d'état financiers mettent à nu leurs visées les plus secrètes.

Aussi, l'Angleterre s'adjuge-t-elle d'ores et déjà, à titre

de compensation éventuelle, et sans consulter personne, l'objet de sa convoitise.

Elle reconnaît que l'achat des actions de la compagnie du Canal de Suez, appartenant au Khédive, est un acte politique d'une haute importance. Mais, ajoute-t-elle par l'organe de ses journaux les plus accrédités, la France seule, parmi les nations, aurait le droit de s'en plaindre.

Le moment n'est pas venu d'examiner l'opportunité de cette plainte ni la forme qu'elle doit revêtir ; mais la confession de notre droit suffit pour nous imposer le devoir de demander des garanties : Et il en est une toute simple. Le Khédive n'était pas uniquement le principal actionnaire, il est aussi l'associé de la Compagnie dans la propriété et l'exploitation des terrains des villes de Port-Saïd, d'Ismaïlia et du littoral du canal sur tout son parcours. Que le Gouvernement français prenne son lieu et place vis-à-vis de la Compagnie, au même titre que le gouvernement anglais le remplace comme actionnaire.

D'un autre côté, que la Compagnie de Suez reste soumise à la juridiction française dont elle a toujours et uniquement relevé.

Ces arrangements ne concilieraient-ils pas tous les intérêts?—Ils ne dépassent pas, ce nous semble, à quelque humilité que se résigne la France, la limite des obligations rigoureuses que lui impose, en cette circonstance, le soin relatif de sa dignité. Si aucune arrière-pensée hostile n'a présidé à la convention Anglo-Egyptienne, ni l'une ni l'autre des parties contractantes ne saurait prendre ombrage de ces justes revendications. Il est, dans tous les cas, une ressource suprême que l'Assemblée nationale ne saurait bénévolement aliéner.

On peut comprendre à la rigueur que le Gouvernement

français s'efface et laisse s'accomplir les faits les plus graves, bien qu'ils le touchent et soient de nature à l'intéresser au plus haut point. — Ce silence et cette réserve, lisons-nous dans certains journaux, sont imposés à la France par la situation que lui ont faite les événements et la forme actuelle de son gouvernement.

Soit! admettons cette absurdité.

Mais puisque l'inaction s'impose d'une façon générale, en présence même des événements qui solliciteraient le plus notre action, pourquoi s'en départir pour favoriser une entreprise conçue évidemment contre nous?

Les atteintes portées à des droits reconnus par les auteurs mêmes des faits dont nous pourrions nous plaindre, nous laissent froids et impassibles! C'est l'attitude qui, paraît-il, nous convient, et que nous conseillent les puissances amies!

Pourquoi faire, en cette occurrence, exception à cette sage règle de conduite?

S'il faut que nous supportions en silence les faits accomplis contre nous pour la réalisation desquels on a pu se passer de notre avis, on ne saurait exiger une plus profonde abnégation. Nul ne s'étonnera que la France, consultée cette fois, parce qu'on ne peut rien faire sans elle, refuse de consentir à détruire de ses propres mains des usages, des prérogatives et des traités séculaires, dont la pratique et le respect ont jusque-là fait sa force et sa grandeur en Orient.

Il est si simple de répondre aux sollicitations dont on est l'objet, par le refus d'agir et le maintien du *statu quo*.

Les événements sont venus justifier les affirmations et les conclusions de l'auteur. — Il ne peut que répéter ce qu'il disait en terminant ce travail qui date déjà d'une année:

« Nous avons accompli notre devoir de Français en « faisant cette publication, au mépris de notre intérêt « privé, et sans songer à autre chose qu'au bien public « et à l'influence nationale. Nous nous reposons avec con- « fiance sur le patriotisme de Messieurs les membres de « l'Assemblée souveraine de France! »

Paris, le 3 décembre 1875.

MÉMOIRE

NOTES ET DOCUMENTS

EN FAVEUR DU

MAINTIEN DES CAPITULATIONS ET USAGES

CONTRE

LE PROJET DE RÉFORME JUDICIAIRE EN ÉGYPTE

Depuis plus de sept années le gouvernement égyptien cherche à faire adopter par les puissances un projet de réforme judiciaire, aussi dangereux pour les Colonies que pour le pays lui-même.

Dès le principe, toutes les colonies européennes s'y montrèrent hostiles, elles en saisirent vite les conséquences funestes, et, depuis, leur opposition n'a fait que s'accentuer.

Pour comprendre la répugnance qu'inspire cette audacieuse tentative, il faut connaître, par un long séjour, le véritable état de ce pays, et avoir par conséquent la conviction que sa prospérité dépend uniquement de la sécurité dont y jouissent les Européens à l'abri des capitulations et des usages tutélaires nés de l'expérience et consacrés par le temps.

L'état du pays demande d'urgence une réforme, mais toute autre que celle qui est proposée.

On peut hardiment affirmer qu'en dehors des tribunaux consulaires, il n'y a véritablement sur toute la surface de l'Égypte aucun tribunal digne de ce nom.

Il y a déjà deux tribunaux mixtes, dans lesquels entre l'élément européen choisi à l'élection par les notables de toutes les colonies, qui suffiraient certainement à rendre une bonne justice dans les procès mixtes, si le gouvernement y laissait aux Européens la majorité qu'il leur offre dans les futurs tribunaux, et s'il faisait exécuter leurs décisions.

Les affaires à juger entre Européens et Indigènes, sont en effet toutes commerciales, et les tribunaux mixtes du Caire et d'Alexandrie se recrutant par l'élection pour l'élément européen, se trouvent dans la condition normale des tribunaux de commerce en Europe.

Mais, en dehors de ces deux tribunaux, dont l'autorité locale a toujours paralysé le fonctionnement régulier, nous le répétons, il n'existe pour ainsi dire pas de tribunal local. Il n'y a que des conseils administratifs composés de fonctionnaires nommés et changés à chaque instant, qui délibèrent et émettent leurs avis, toute décision appartenant au Chef du gouvernement, qui s'est réservé la faculté de dicter seul les sentences définitives.

Il y aurait donc certainement un grand progrès à accomplir.

Que le Gouvernement rende à eux-mêmes ses sujets, qu'il leur laisse en toute liberté manifester les sentiments d'équité et de justice qui sont au fond de toute conscience humaine, et il trouvera autant qu'il en voudra des magistrats pour constituer des tribunaux auxquels les Européens n'hésiteront pas à se soumettre quand ils auront fait leurs preuves. Dans ce cas, ce sera librement et sans arrière-pensée qu'ils se présenteront devant eux ; mais, tant que le gouvernement n'aura pas manifesté son bon vouloir, ils se refusent à abandonner leurs garanties pour se faire juger par les nouveaux tribunaux qu'on prétend leur imposer.

Voilà la réforme que nous voulons : est-elle plus honorable pour le gouvernement, plus favorable au pays que celle que l'on propose? on ne saurait en douter. Pour l'accomplir, il n'est besoin de la permission d'aucune puissance ; pourquoi cependant ne se fait-elle pas?

Pour deux raisons, dit-on :

1° Parce qu'elle serait contraire aux capitulations ;

2° Parce que, suivant la propre déclaration de S. E. Nubar-Pacha, il n'y a pas dans le pays les éléments nécessaires pour former un corps de magistrats.

La première objection tombe d'elle-même. Quand on demande en théorie le retour aux capitulations, en fait, c'est leur abrogation que l'on cherche. La facilité avec laquelle on les viole en matière d'impôts et de taxes, fait qu'il ne nous est pas possible de croire au respect qu'on affecte tant de leur porter. Cette hypocrisie peut faire illusion à l'Europe qu'on a intérêt à tromper, mais nous voyons de trop près pour qu'elle puisse nous donner le change.

La deuxième raison n'est pas plus admissible que la première. C'est la condamnation de toute une contrée, c'est une calomnie contre laquelle nous avons toujours protesté et dont nous refusons de nous faire les complices. Il n'est pas vrai qu'on ne puisse pas, dans ce pays livré à lui-même, comme dans tout autre, trouver des personnes assez équitables pour en faire des juges. Si, depuis l'avénement de Méhémet-Ali, on avait cherché à faire des Égyptiens un peuple, on eût développé dans cette nation les éléments civilisateurs, et de même qu'on a obtenu des médecins, des savants, des ingénieurs, des officiers et de braves soldats, il eût été facile d'obtenir de bons et honnêtes magistrats.

Et pour notre part, nous avouons, en toute sincérité, que si, par miracle, le peuple Égyptien recouvrait sa liberté de conscience et de jugement, si le pouvoir lui assurait l'indépendance et la sécurité, nous préfèrerions remettre nos intérêts entre les mains de magistrats tous indigènes qu'entre celles d'un tribunal composé d'éléments hétérogènes susceptibles de devenir hostiles les uns aux autres.

Devant le tribunal indigène, nous serions, nous étrangers, tous égaux. — Craindrait-on notre infériorité, quand nous aurions à lutter contre des indigènes? Elle serait beaucoup moins redoutable que devant les tribunaux mixtes. — Qui ne comprend, en effet, que se sentant dépositaires libres et indépendants de la justice, et chargés de sa distribution, les hommes instruits pris au sein d'un peuple dont le sentiment religieux est si développé, tiendraient à honneur de rester des justes devant les hommes et devant Dieu. Ils seraient les premiers à rappeler à leurs coréligionnaires les saines prescriptions de leur livre saint, et, fiers de la portion du pouvoir souverain qui leur serait déléguée, ils exerceraient la justice aussi sévèrement pour leurs frères que généreusement pour les étrangers. Mais, des juges Indigènes placés à côté des Européens ne seront que des exécuteurs de la volonté exprimée du Souverain, ou même du désir secret qu'ils lui supposeront.

La mise en pratique sincère d'une organisation judiciaire sagement mûrie pour les indigènes, ne tarderait pas à faire du corps judiciaire un pouvoir moral et protecteur, à l'ombre duquel viendraient s'abriter les opprimés, un rempart contre lequel s'amortirait et se briserait peu à peu la tyrannie administrative.

Mais nous venons peut-être de toucher du doigt la raison pour laquelle on ne veut pas de la réforme que nous proposons, en faisant étalage, au contraire, de celle dont on veut gratifier, *malgré eux, les Européens*.

Avec notre réforme qui dépend uniquement de la volonté souveraine, c'est surtout le pays lui-même qui entre dans la voie du progrès, qui recouvre une partie des droits imprescriptibles de l'humanité. C'est tout un peuple qui sent peu à peu renaître en lui le courage de se plaindre.

Mais, nous le reconnaissons, ce n'est pas là l'œuvre d'un jour; il faut pour l'accomplir, en outre du temps, des soins assidus et une volonté permanente et énergique, qualités qui semblent manquer au gouvernement et dont la privation ne lui a pas permis de mettre un demi-siècle de durée à profit.

Depuis l'avénement de Méhémet-Ali, aucun progrès n'a été accompli dans le domaine de la justice, aucun frein n'a été mis à l'arbitraire administratif ! et cependant on s'est plu à affecter l'apparence de la civilisation ; mais, qu'on ne s'y trompe pas, à l'exception de la classe privilégiée, de quelques grands propriétaires et fonctionnaires, le peuple reste toujours plongé dans la même misère et la même abjection. Aucun effort n'est tenté pour le tirer de son ignorance. On considère son instruction comme un danger, sa participation aux affaires publiques comme une anomalie et une usurpation. Ces prétentions sont du reste aussi loin de la conception de ce peuple asservi que de la volonté politique de ceux qui le gouvernent.

La réforme projetée apporte-t-elle une amélioration dans l'état actuel du peuple égyptien? Non. — Elle est si peu faite pour lui, que ses promoteurs, dans la crainte qu'il ne puisse un jour ou l'autre en profiter, ont obtenu du sultan et intercalé dans le projet de code une clause spéciale interdisant aux musulmans d'appeler devant les nouveaux tribunaux les fonctionnaires du gouvernement égyptien. On peut donc considérer qu'en dehors des affaires avec les Européens, le tribunal ne connaîtra pas des affaires entre indigènes, et si la lettre même ne le déclare pas, il est certain pour ceux qui ont étudié le pays, que la crainte de déplaire les en tiendra éloignés.

Le peuple égyptien continuera donc, après comme avant la réforme, de n'avoir pour unique juge que la volonté souveraine et le caprice des préposés qui lui rend même souvent inaccessible ce dernier et suprême refuge.

Mais, si cette réforme ne change rien à l'état des indigènes, elle vient jeter au contraire une perturbation profonde dans la situation des Européens en annulant et désorganisant la juridiction consulaire, en altérant l'inviolabilité absolue du domicile qui a jusque-là fait leur sécurité, en livrant enfin à une juridiction placée sous l'influence directe du gouvernement le sort des personnes ainsi que leurs biens, jusqu'à ce jour abrités par le drapeau de leur patrie respective.

Quelles que soient les garanties offertes, les résidents européens puisent dans leur expérience et une connaissance profonde du pays, la conviction qu'elles seront illusoires. — Actuellement, ils s'en tiennent aux traités existants, fruit de la sagesse des siècles passés, ils en demandent le maintien intégral, car si une brèche était faite à ce rempart jusque-là intact, elle laisserait vite passer la cohorte des abus de pouvoir, des vexations et des dénis de justice dont les vaines tentatives du jour sont le signe précurseur et certain.

On calomnie les Européens en les accusant de chercher à se soustraire à toutes charges.

L'impôt ? est-ce qu'ils ne le paient pas indirectement sous forme de douane, d'octroi et de loyers excessifs. — Est-ce que ce n'est pas au commerce européen d'Alexandrie qu'est dû le pavage de plusieurs quartiers de cette ville? On ne se refuse pas à supporter des taxes, mais à une condition, c'est qu'il y ait un contrôle réel des dépenses. La résistance opposée par le gouvernement aux exigences légitimes des Européens a seule jusqu'à ce jour entravé les tentatives de l'Egypte.

Soumettre les Européens en matière de taxes et d'impôts au bon plaisir du gouvernement, les assimiler aux indigènes, ce serait vouloir les forcer à quitter l'Égypte et enlever ainsi au pays ses meilleurs éléments de richesse et de civilisation.

L'un des buts avoués de la réforme, c'est la faculté pour le gouvernement de briser la barrière qui met les Européens à l'abri des vexations et de l'arbitraire, c'est l'espoir de faire consacrer par ses nouveaux tribunaux les décrets et les ordonnances qu'il lui plaira d'édicter pour atteindre ainsi les biens des Européens et surtout des riches levantins. Il espère en outre cacher par cette organisation factice la pénurie de toute justice dans laquelle il se plaît à laisser son propre peuple. Il y voit encore le moyen de déchirer en fait des traités dont il n'est pas en mesure de demander l'abrogation ; enfin, c'est le moyen rêvé par lui pour consacrer bien des dénis de justice, commis non-seulement envers des Européens, mais dans une autre sphère, et de paralyser ainsi de puissantes revendications.

En attendant, ces essais périlleux et ces projets menaçants plongent la colonie dans le trouble et le malaise, ils sèment la discorde et la désunion, et engendrent les rapports les plus tendus entre quelques autorités consulaires, les Européens en général, et le gouvernement.

D'un autre côté, le vice-roi, souverain absolu dans son royaume, propriétaire des trois quarts du sol, seul grand industriel, disposant de tout et de tous à son gré, ayant les hauts dignitaires, les grands propriétaires, tout le pays enfin soumis à ses volontés capricieuses, n'a d'autres vues que la suppression des obstacles gênant une domination qu'il rêve de rendre plus complète en l'étendant aux Européens.

Ce sont ces divers motifs qui ont entraîné le gouvernement à poursuivre cette idée avec tant d'ardeur et de ténacité, et au prix d'immenses sacrifices, bien qu'il ait conscience des nombreux embarras dans lesquels il sera jeté par sa réalisation.

Le projet viole les capitulations, et les garanties offertes en échange sont illusoires.

Pour se rendre compte de cette double vérité, il suffit de comparer le texte des capitulations avec celui du règlement d'organisation judiciaire et de la convention.

1° *Contestations entre Européens de nationalité différente.*

Texte des capitulations :

Article 52 du traité de 1740 :

« S'il arrive que les consuls et les négociants français aient « quelques contestations avec les consuls et les négociants d'une « autre nation chrétienne, il leur *sera permis, du consentement* et « à la requisition des parties, de se pourvoir par devant leurs « ambassadeurs qui résident à ma sublime Porte ; et tant que le « demandeur et le défendeur ne consentiront pas à porter ces « sortes de procès par devant les pachas, cadis, officiers ou « douaniers, ceux-ci ne pourront pas les y forcer, ni prétendre « en prendre connaissance. »

Article 58 du traité avec la Russie, du 10-21 juin 1783 :

« Les consuls et commerçants russes, se trouvant en litige « avec les consuls et négociants d'une autre nation chrétienne, « peuvent justifier auprès du membre russe accrédité à la Porte, « si les deux parties litigieuses y consentent. Et si elles ne veulent « point que leur procès soit informé par les pachas, les cadis, les « officiers et par les inspecteurs des douanes de la Porte, alors « ceux-ci ne pourront les y obliger, ni s'ingérer aucunement « dans leurs affaires, sans le consentement de toutes les parties en « litige. »

Texte du règlement. Art. 9. « Ces tribunaux connaîtront seuls de « toutes les contestations entre étrangers de nationalité différente. »

2° *Contestations entre Européens et Indigènes.*

Capitulation française de 1535, art. 4;
— 1569, art. 11;
— 1581, art. 16;
— 1604, art. 34;
— 1673, art. 16 et 12 supplémentaire;
— 1740, art. 26, 41, 69.

Ces derniers articles, qui reproduisent les anciennes capitulations, font une distinction, suivant que la valeur des procès dépasse ou n'atteint pas une somme généralement fixée à 4,000 aspres (1), sont ainsi conçus :

« Art. 26. — Si quelqu'un avait un différend avec un mar- « chand français, et qu'ils se portassent chez le cadi, ce juge « n'écoutera point leur procès, si le drogman français ne se « trouve présent, et si cet interprète est occupé pour lors à quel- « qu'affaire pressante, on différera jusqu'à ce qu'il vienne; mais « aussi les français s'empresseront de se représenter, sans abuser « du prétexte de l'absence du drogman.

« Art. 41. — *Les procès excédant* 4,000 *aspres seront écoutés à « mon divan impérial et non autrement.*

« Art. 69. — Les procès qui les concernent (les français), excé- « dant 4,000 aspres, seront renvoyés à ma sublime Porte, selon « l'usage, et conformément aux capitulations impériales. »

Les mêmes stipulations se retrouvent dans les traités avec les autres puissances.

Ainsi, pour les procès au-dessous de 4,000 aspres, c'est le juge local qui décide, en présence du drogman (2).

Pour les procès au-dessus, c'est le consul ou l'ambassadeur qui les soutient pour son national, dans les conseils du souverain.

Telle est la lettre, tel est l'esprit des capitulations.

Mais la répugnance des Européens à comparaître devant les juges locaux, fut toujours telle que la Porte a dû renoncer à la prétention de les attirer devant des juges tous musulmans même

(1) 4,000 aspres, environ 100 fr. et plus.

(2) Le juge local fait ainsi fonctions de juge de paix, et il a à peu près la même compétence que ce magistrat en Europe.

par les procès au-dessous de 4,000 aspres. De là, la création des tribunaux mixtes de commerce, créés en 1839, et qui ont commencé à fonctionner en 1846.

Ces tribunaux sont composés de trois membres indigènes et de deux européens.

C'est devant ces tribunaux que l'européen demandeur cite l'indigène dans les affaires ordinaires de commerce.

En Égypte, on a accepté la règle *actor sequitur forum rei :*

1° D'abord, parce que pendant longtemps on n'a pu créer de tribunaux spéciaux ;

2° Parce qu'il était impossible de recourir au divan de la sublime Porte pour les procès excédant 4,000 aspres, on a étendu la compétence du tribunal de commerce, considéré comme tribunal local, à toutes les affaires commerciales où l'indigène est défendeur. Et quand c'est l'européen qui est défendeur, il ne peut être cité que devant son propre tribunal consulaire, que le demandeur soit aussi européen ou indigène.

Mais on a continué l'application rigoureuse des capitulations en ce qui concerne les procès (1) où le gouvernement local est engagé, soit dans la personne du khédive, soit dans celle des fonctionnaires agissant pour le compte du gouvernement.

C'est au divan même et dans les conseils du khédive qu'ils doivent être portés et soutenus par les consuls, au nom du national demandeur.

C'est de ces réclamations administratives que le khédive voudrait se débarrasser en soumettant dorénavant ces litiges à la décision de nouveaux tribunaux qui seront forcément à sa discrétion.

L'usage et la règle qui veulent que les litiges entre européens et indigènes, surtout quand c'est le gouvernement qui est en jeu, soient portés non devant le juge local, mais dans les conseils même du gouvernement où devra être entendu le représentant de la puissance à laquelle appartient l'européen, n'existent pas qu'en Égypte. Telle est aussi la règle suivie à Tunis.

Lorsque le nombre des procès augmentant, cette voie devient difficilement possible, ce ne sont point les tribunaux du pays qui sont investis, mais des commissions spéciales. Voici les dispositions des capitulations de Tunis avec la France :

Traité, 9 novembre 1742, art. 16 :

« S'il arrive quelque différend entre un français et un turc ou

(1) Ces procès sont naturellement tous au-dessus de 4,000 aspres.

« un maure, il ne pourra être jugé par les juges ordinaires, mais « bien par le conseil desdits bey, dey et divan, et en présence « dudit conseil. »

Traité de 1802, art. 7 :

« Les censaux juifs et autres étrangers, résidant à Tunis, au « service des négociants et autres français, s'ils ont quelques « différends avec les maures ou chrétiens du pays, ils se rendront « avec leur partie adverse par devant le commissaire de la Répu- « blique Française, où ils choisiront à leur gré deux négociants « maures, parmi les plus notables, pour décider de leurs contes- « tations. »

Traité de 1824, art. 14 :

« En cas de contestations entre un français et un sujet tunisien, « pour affaire de commerce, il sera nommé, par le consul gé- « néral de France, *des négociants français et un nombre* égal de « négociants du pays, qui seront choisis par *l'Amin*, ou toute « autre autorité désignée par S. E. le Bey. Si le demandeur est « sujet tunisien, il aura le droit de demander au consul général « d'être jugé de cette manière, et si la commission ne peut ter- « miner la contestation pour cause de dissidence ou de partage « dans les opinions, l'affaire sera portée par devant S. E. le Dey, « pour être prononcé par lui, d'accord avec le consul général de « France, conformément à la sentence. (Voyez aussi Boyourouldi « de 1861, art. 7). »

Texte du règlement projeté : Art. 9. « Les tribunaux connaî- « tront seuls de toutes les contestations en matière civile et com- « merciale entre indigènes et étrangers. »

Art. 10. « Le gouvernement, les administrations, les Daïras de « S. A. le khédive et les membres de la famille sont justiciables « de ces tribunaux dans les procès avec les sujets étrangers. »

Les précédents vice-rois, et même le Khédive au commencement de son règne, avaient, pour juger ces sortes de procès, créé aussi des commissions spéciales, en vue desquelles il a été arrêté des règlements particuliers de procédure.

Si les procès se sont accumulés dans les cartons consulaires, ç'a été par une tactique du gouvernement égyptien, qui, en refusant non-seulement de faire droit, mais même l'examen aux réclamations, a voulu forcer la main aux européens et à leurs gouvernements, et les contraindre à accepter les tribunaux qu'il désire leur imposer, comme le seul moyen qui leur restât de se faire rendre justice.

Nous avons vu avec peine que cette ruse avait réussi et que notre gouvernement était tombé dans le piége. M. le Ministre des affaires étrangères déclarait en effet l'autre jour à la tribune, à propos de réclamations de français, qu'il considérait la réforme utile, parce qu'elle donnerait au moins à nos nationaux un tribunal auquel ils pourraient s'adresser.

L'Europe n'est-elle pas en droit de répondre au gouvernement égyptien qu'il a pris une mauvaise voie, et qu'en se montrant si peu soucieux de sa dignité, si peu enclin à l'esprit d'équité, il s'est rendu indigne de tenir en main le sceptre de la justice.

Pour sortir de l'impasse où cette odieuse tactique a placé les intérêts de nombreux nationaux, la France, bien qu'on ait calculé son affaiblissement, a encore assez de force pour imposer à l'Égypte la nomination d'une commission mixte.

Si le Gouvernement égyptien persistait dans son refus, la France doit alors appuyer le recours que les intéressés peuvent, aux termes des capitulations, pour toutes les sommes au-dessus de 4,000 aspres, exercer auprès du divan et dans les conseils du Sultan.

JURIDICTION EN MATIÈRE CRIMINELLE.

Le projet attribue aux nouveaux tribunaux juridiction en matière pénale pour une série de contraventions, délits et crimes énumérés sous les art. 7 et 8 du titre II. — Et ce en violation formelle du texte des capitulations.

Traité de 1740. Art. 15: « S'il arrivait quelque meurtre ou quelqu'autre désordre entre les français, leurs ambassadeurs et leurs consuls en décideront selon leurs us et coutumes sans qu'aucun de nos officiers puisse les inquiéter à cet égard. »

Traité de 1535. Art 5 : Même stipulation.
Traité de 1569. Art. 12 : Même stipulation.
Traité de 1581. Art. 17 : Même stipulation.
Traité de 1604. Art. 18 : Même stipulation.

Traité de 1740. Art. 65 : « Si un français ou un protégé fran-
« çais commettait quelque meurtre ou quelque autre crime, et
« qu'on voulût que la justice en prît connaissance, les juges de
« mon empire et les officiers ne pourront y procéder qu'en pré-

« sence de l'ambassadeur ou des consuls et de leurs substituts « dans les endroits où ils se trouveront... »

Art. 76 : « Les gouverneurs, commandeurs, cadis, douaniers « vaïvodes, muteslins, officiers, gens notables du pays, gens d'af- « faires et autres ne contreviendront en aucune façon aux capitu- « lations impériales ; et si, de part et d'autre, on y contrevient, « en molestant quelqu'un, soit par paroles, soit par voies de fait, « de même *que les français seront châtiés par leurs consuls ou supé- « rieurs, conformément aux capitulations*, il sera aussi donné des « ordres, suivant l'exigence des cas, pour punir les sujets de notre « Sublime-Porte, des vexations qu'ils auraient commises, sur les « représentations qui en seraient faites par l'ambassadeur et les « consuls, après que le fait aura été bien avéré. »

Traité suédois. 10 janvier 1737 : « En cas d'injure. »

Traité avec les États-Unis. 7 mai 1810. Art. 4 : « Les citoyens « des États-Unis d'Amérique, vaquant paisiblement à leur com- « merce et n'étant ni accusés ni convaincus de quelque crime ou « délit, ne seront point molestés, et si même ils avaient commis « quelques délits, ils ne seront point arrêtés et mis en prison par « les autorités locales, mais ils seront jugés par leur Ministre ou « Consul et punis suivant leur délit, en observant sur ce point « l'usage établi à l'égard des Francs. »

1575. Art. 10. Des capitulations anglaises.

1782, 14 septembre. Capitulations espagnoles.

1802. Art. 9.

1838. Art. 1. Traité belge, 3 août 1838.

« Les Belges, vaquant honnêtement et paisiblement à leurs oc- « cupations ou à leur commerce, ne pourront jamais être arrêtés « ou molestés par les autorités locales ; mais en cas de crime ou « délit, l'affaire sera remise à leur ministre, chargés d'affaires, « consul ou vice-consul, les accusés seront jugés par lui et punis « suivant l'usage établi à l'égard des Francs. »

Traité de Londres entre la Porte et les villes hanséatiques signé à Londres, le 18 mai 1839.

« Les citoyens hanséatiques vaquant honnêtement et paisible- « ment à leurs occupations ou à leur commerce, ne pourront ja- « mais être arrêtés ni molestés par les autorités locales ; mais, en « cas de crime ou de délit, l'affaire sera remise à un ministre, « chargé d'affaires, consul ou vice-consul le plus voisin du lieu « où le délit a été commis, et les accusés seront jugés par lui, « selon l'usage établi à l'égard des Francs. »

La France jouit, par réserve formelle dans tous ces traités, de toutes les concessions, faveurs et priviléges qui pourraient être accordées à la nation la plus favorisée. Cela est dit dans la plupart des traités :

1802. Art. 9.
1838. Art. 1.
1856. Art. 32.

Le gouvernement français, dans ces derniers temps, n'a pas hésité à stipuler pour ses consuls le droit de poursuivre contre leurs nationaux, quelle que fût la victime de leurs méfaits, lorsqu'il traitait avec d'autres États hors de la chrétienté. (Traités conclus depuis 1844 avec la Perse, Siam, le Japon, la Chine et l'Imanat de Mascate.)

Cet usage est constant à Constantinople, à Tunis et en Égypte. Le règlement de police du prédécesseur du Khédive S. A. Saïd-Pacha, le consacre d'une manière formelle.

L'art. 52 dispose que : « Le jugement et la punition des crimes et délits imputés à un étranger, dont la prévention aura été « justifiée par l'instruction préparatoire, seront à la requête du « directeur de la police, poursuivis devant la justice consulaire. »

Art. 55 : « Si un étranger prévenu de crime ou délit ou contra-« vention, ne relève d'aucun consulat et se trouve par consé-« quent en dehors de toute juridiction étrangère, il sera procédé « à son égard par la justice locale, et conformément aux lois du « pays. »

L'article 5 de l'arrêté réglementaire de 1863 repose sur le même principe. Il défend aux « chasseurs de molester ou insulter des « indigènes, et il ajoute que, si de pareils faits venaient à se pro-« duire malgré cette défense, on devra avertir l'autorité, *qui en « avisera les consuls respectifs pour la due réparation.*

Telle est la règle, la loi, tel est aussi l'usage. Or, tous les publicistes sont d'accord pour placer les rapports entre les pays du Levant et les nations européennes sous l'empire non-seulement des traités, mais encore des usages. Aussi, dans son introduction du « précis du droit des gens, » Martens parle du droit des gens conventionné et coutumier des Turcs.

Si l'on modifie l'état de choses actuel avec l'Égypte, c'est le modifier avec la Turquie, et il n'y a pas de raison plausible pour refuser des changements similaires et analogues aux autres Etats. La France va donc forcément entrer dans une voie fatale de modifications de traités susceptibles de l'entraîner plus loin qu'elle ne le voudrait. Le moment de se créer ces mille embarras est-il bien choisi ?

EXÉCUTION.

Traité de 1740. Art. 70. « Les gens de justice et les officiers de « ma Sublime-Porte, de même que les gens d'épée, ne pourront « sans nécessité entrer par la force dans une maison habitée par « un français, et lorsque le cas requerra d'y entrer, on en avertira « l'ambassadeur ou le consul dans les endroits où il y en aura, et « l'on se transportera dans l'endroit en question avec les per- « sonnes qui auront été convenues de leur part ; et si quelqu'un « contrevient à cette disposition, il sera châtié. »

Art. 65. — « Exige *la présence* des ambassadeurs ou consuls ou « de leur substitut pour des perquisitions ou recherches chez des « Français. »

Protocole du 18 juin 1867 (droit de propriété). « La demeure « du sujet étranger est inviolable conformément aux traités et les « agents de la force publique ne peuvent y pénétrer sans l'as- « sistance du consul ou du délégué du consul dont relève cet « étranger. »

Traités récents, 29 avril 1861 : France.
— 29 avril 1860 : Grande-Bretagne.
— 10 juillet 1861 : Italie.
— 22 janvier 1862 : États-Unis.
— 20 mars 1862 : Russie et Zolverein.

L'article 1er de ces traités est ainsi conçu : (nous prenons celui du 29 avril 1861.)

« Tous les droits, priviléges et immunités qui ont été conférés « aux sujets et aux bâtiments français, par les capitulations et « traités existants, sont confirmés à l'exception des clauses desdites « capitulations que ce présent traité a pour objet de modifier. » Or, dans ces dernières clauses, il n'en est aucune qui concerne la juridiction.

« Il est en outre expressément entendu que les droits, privi- « léges et immunités que la Sublime-Porte accorde aujourd'hui « ou pourrait accorder à l'avenir aux sujets et aux bâtiments de « toute autre puissance étrangère, seront également accordés aux « sujets et aux bâtiments français qui en auront le droit, l'exer- « cice et la jouissance. »

L'article 16 du même traité réserve les capitulations et traités antérieurs : « Le gouvernement de S. M. I. le Sultan reste libre

« dans l'administration intérieure, *en tant* toutefois que ces droits « ne porteront pas une atteinte manifeste aux stipulations des an- « ciens traités et aux priviléges accordés par le présent *traité*, aux « sujets français et à leurs propriétés. »

Ce traité valable pour vingt-huit ans, avait pour parties contractantes :

S. M. l'Empereur des Français, représenté par le marquis de Lavalette, ambassadeur à Constantinople.

S. M. I. le Sultan, représenté par S. A. Ali-Pacha, ministre des Affaires étrangères.

La première Note égyptienne reconnaît ce principe :

« Les capitulations protégent d'une manière inviolable le do- « micile et la personne de l'étranger. Il n'est pas question de « porter atteinte à ce principe ; Votre Altesse veut même le for- « tifier... »

Mais le règlement en est la violation : L'art. 20 tit. II, dispose que le consul sera seulement avisé. L'art. 21 autorise l'entrée du domicile pendant la nuit, sans avis et hors la présence du consul en deux cas, *flagrant délit* et *appel de l'intérieur*.

Il est facile de comprendre à quels abus ces articles peuvent donner lieu :

L'art. 18 (exécution des sentences) est formel : « L'exécution des sentences aura lieu en dehors de toute action consulaire. Si l'officier de police est obligé d'avertir le consul, si ce dernier a la faculté d'assister, il n'en est pas moins vrai que EN CAS D'ABSENCE *il sera passé outre à l'exécution.* »

Comment expliquer cette nouvelle audace ? Pour s'en rendre compte il faut rapprocher 1° le rapport de la commission de 1867, qui constate que Nubar-Pacha abandonne ses prétentions comme excessives, se bornant à demander une enquête ; 2° le passage du livre vert intitulé : la *Réforme et les Capitulations* que MM. les Députés ont trouvé dans leurs papiers au bon moment, œuvre du secrétaire de S. E. Nubar-Pacha (30,000 fr. d'appointement en Egypte, 60,000 fr. en voyage depuis sept ans), et que ce diplomate fut assez habile pour faire accepter comme secrétaire de la Commission internationale du Caire et de Constantinople.

1° La Commission déclare que Nubar-Pacha abandonne ses prétentions ; 2° le livre vert du secrétaire prétend que le gouvernement égyptien ne s'arrêta pas devant la fin de non-recevoir opposée par la Commission de 1867 ; 3° le projet traduit en fait accompli ce qui ne devait être qu'un long procès-verbal d'enquête.

Et pour comprendre ce savant in-broglio, il faut mettre un autre historique en face de celui du livre vert.

Dans la séance du congrès de Paris du 24 mars 1856, les plénipotentiaires turcs avaient déclaré la guerre aux priviléges dont les Européens jouissent; depuis cette époque les ministres ottomans n'ont cessé de manifester leur aspiration à passer le niveau de leur régime arbitraire sur tous les habitants de l'Empire.

L'excès de confiance des plénipotentiaires européens en 1856 a créé une situation qui, dans l'esprit des diplomates Ottomans, doit aboutir à l'abolition des capitulations.

Les maîtres de l'empire ottoman, considérant les capitulations comme un obstacle à la prospérité publique, dirigent leurs attaques contre la citadelle qui abrite les droits des étrangers. Les capitulations sont menacées, attaquées et mises en brèche;

Les Européens résidents, les considérant au contraire comme leur sauvegarde, susceptible de devenir un instrument utile pour combattre les imprévoyances du congrès de Paris, et un préservatif tout prêt contre les malheurs que le gouvernement turc se prépare à lui-même et à l'Europe, en réclament le maintien.

On ne saurait, selon les Européens résidents, comme selon les auteurs et toutes les personnes qui connaissent l'Orient *de visu*, abandonner sans danger la juridiction sur les étrangers aux tribunaux locaux.

L'Européen doit rester Européen en Turquie, et non devenir l'égal du rayah taillable et corvéable à merci. Les capitulations ne sont point comme le prétendent leurs adversaires, une usurpation inique de l'Europe sur les droits incontestables du souverain ottoman. Elles ne sont non plus ni une iniquité, ni un obstacle, ni une superfluité. Il n'est pas plus difficile de le démontrer que de détruire les sophismes de ceux qui, voulant porter atteinte à nos droits et priviléges, spéculent évidemment sur la bonacité de l'Europe et sur son ignorance présumée. La conservation intégrale de leurs stipulations et du droit coutumier qui en découle est au contraire une mesure de salut public, non seulement pour les Européens mais pour la Turquie elle-même.

Maintenir les capitulations, c'est sauver d'une ruine certaine les créanciers de l'Empire et tous les Européens résidant sur son sol. C'est sauvegarder les intérêts multiples que l'Europe tient engagés en Turquie et qui, grâce aux emprunts d'Etat, aux créances de banque, aux relations de navigation et de commerce se chiffrent par milliards. Il faut conserver aux ambassadeurs et aux consuls le droit qui leur est acquis de s'intéresser au sort de leurs nationaux, et comme l'art. 9 du traité de Paris leur interdit toute intervention en faveur des sujets du sultan, qu'ils puissent au moins défendre et préserver de toute avanie les intérêts étrangers.

Il est important, pour comprendre la portée des capitulations, de remonter à leur origine et de détruire cette objection favorite de leurs ennemis, à savoir : qu'elles ne seraient qu'une concession spontanée, une faveur accordée sans réciprocité à leurs alliés par les Sultans qui, sous prétexte que l'état de l'Empire a changé, seraient restés maîtres de les retirer.

Le plus ancien document de ce genre remonte à 1535. Il fut conclu entre François Ier et le sultan Suleiman. Ce traité, outre l'exterritorialité des *consuls et résidents français* qui constitue le principe de nos privilèges, stipule que les Français ne pourront être contraints à payer tribut, *kharadj*, *awani*, *khassabié*, et, après avoir stipulé la mise en liberté réciproque des esclaves sujets de l'un ou l'autre Etat, à l'instant que le présent traité sera confirmé par le grand seigneur et roi, il termine par la faculté réservée au Saint-Père, au roi d'Angleterre et au roi d'Ecosse, *d'entrer audit traité de paix.*

Le dernier article est relatif à l'échange des ratifications qui doit s'opérer dans le délai de six mois, et à la publication de cette paix qui doit être faite à Constantinople, Alexandrie, Marseille, Narbonne et autres lieux principaux, terrestres et maritimes, de la juridiction, royaumes et États desdits seigneurs. »

Tout concourt donc pour donner à cet acte, qui stipule déjà le droit d'exterritorialité en faveur des étrangers, la portée et la dénomination d'un traité ! Noms et titres des souverains : Suleiman et François Ier ; noms et titres des négociateurs : Jean de Laforêt et Ibrahim-Pacha ; faculté d'adhérer réservée à d'autres souverains, délai fixé à l'échange des ratifications, publications ordonnées pour ne laisser personne prétendre cause d'ignorance ; que pourrait-on demander de plus à un pareil acte pour lui conserver le nom de traité que ses signataires lui ont explicitement reconnu ?

Ainsi, dès leur origine, les droits et priviléges des étrangers ont fait partie de sitipulations qui ont eu et ont conservé depuis lors toute la force d'un traité. — Inutile de rappeler quel était alors entre la France et la Turquie l'état des relations qui ont amené le sultan Suleiman à faire à François Ier ces concessions qui, limitant sa propre autorité, sont si favorables aux sujets français? Est-il besoin de justifier la mémoire d'un des plus grands sultans que la dynastie ottomane ait produits?

Mais à cette époque, les sultans ne traitaient que pour eux. De là, la nécessité pour les souverains de France de réclamer, à chaque changement de règne, le renouvellement du traité et la notification de ce renouvellement par lettres patentes publiées dans les États du sultan. De 1535 à 1740, l'historien Hammer ne compte pas moins de onze renouvellements des traités ou capitulations. Ces renouvellements ont parfois été l'occasion d'insertion de nouveaux articles; parfois aussi ils n'ont été obtenus qu'après de longues discussions et sous menaces de rupture. L'histoire a conservé un mémoire présenté en 1672 à Louis XIV, par le chevalier d'Arvieux, exposant que le grand-vizir ne consent pas à insérer dans le nouveau traité les priviléges compris dans les traités antérieurs, et encore moins à y faire entrer les autres articles qui lui ont été proposés. Ce document mérite d'être lu et médité, car tous ceux qui connaissent l'Orient savent que rien n'est changé et que le tableau tracé par le plénipotentiaire français est toujours vrai. En voici les principaux passages. Celui qui concerne le témoignage devant les tribunaux est saisissant d'opportunité dans la question qui nous occupe, et reste toujours une objection irréfutable contre le projet de réforme :

« Il ne s'agit pas, dit le chevalier d'Arvieux, de donner aux sujets de Votre Majesté un moyen de s'enrichir par le commerce du Levant, qu'on ne doive songer aussi à la *conservation des biens* qu'ils y ont acquis et à la sûreté de leurs personnes.

« C'est peu de chose d'obtenir les 2 % de diminution sur la douane, si en renouvelant les anciennes capitulations, on n'y fait pas insérer l'article le plus important de tous, sans lequel les sujets de Votre Majesté ne peuvent négocier avec sûreté dans ce pays.

« Cet article, dans les anciens traités, porte que les sujets du Grand Seigneur ne seront point reçus en témoignage contre un Français en matière civile, et que ceux-ci ne pourront être condamnés au payement de ce qu'on leur demandera que sur leurs billets écrits et signés de leurs mains, ou sur un acte public. Il est vrai qu'il y avait des termes qui faisaient naître

« quelquefois des difficultés. Il paraît très-nécessaire de faire « éclaircir ces termes dans les nouvelles capitulations. Or, ce « n'est pas remédier à ce désordre que de se contenter de ce que « le Grand Vizir offre, savoir : qu'on n'écoutera pas les faux « témoins ; car il sera toujours impossible de prouver qu'un Turc « est un faux témoin. Il faudrait pour cela avoir des témoins « turcs, et jamais un Turc ne portera témoignage contre un autre « Turc. C'est leur usage, c'est leur pratique constante. D'ailleurs « les Français ne sont point reçus à porter témoignage contre « un Turc. On nous regarde comme des infidèles dont le témoi- « gnage ne peut être reçu en justice. Le Français, dans une sem- « blable rencontre, sera accablé par une nuée de témoins turcs, « il sera déclaré faux témoin et, comme tel, puni sur-le-champ « par la peine du talion. Il faudra donc qu'il se résolve à perdre « son bien sans oser se plaindre, parce qu'il ne trouvera per- « sonne qui veuille dire la vérité en sa faveur. »

Le chevalier d'Arvieux, désespérant de voir arriver le Grand Vizir à de meilleures dispositions, conseille à Louis XIV de mettre un terme à ses hésitations par une manifestation d'un autre genre.

« Il est constant, Sire, ainsi que j'ai eu l'honneur de le repré- « senter dans mon premier mémoire, que les Turcs sont les plus « fiers et les plus arrogants de tous les hommes. Ils croient que « tout leur est dû et que les manières honnêtes qu'on a pour eux « sont bien moins des marques de notre politesse que de notre » faiblesse naturelle et du besoin que nous avons d'eux. Mais un « très-long usage m'a convaincu qu'ils ne sont jamais amis que « de ceux qui les maltraitent et qu'ils n'accordent jamais rien que « par la force. Ils sont incapables de goûter les meilleures rai- « sons, que quand elles partent de la bouche du canon. Il faut « même observer que les coups suivent de bien près les me- « naces, ou *imiter les Allemands* qui frappent avant de menacer. « Tout cela bien ménagé et bien soutenu fera infiniment plus « d'effet sur ces sortes de gens que tous les ménagements et « toutes les politesses qu'on a pour eux, et dont ils ne sont pas « susceptibles. Le renouvellement des capitulations, comme le « Grand Vizir l'offre, n'étant point du tout convenable à la gloire « de Votre Majesté ou au bien de ses sujets, il semble qu'il con- « viendrait que Votre Majesté ordonnât à M. de Nointel de lais- « ser le Grand Vizir se rapprocher de lui-même et faire de bonne « grâce ce qu'il a refusé avec tant de hauteur jusqu'à présent ; « car, quelque mine qu'il fasse, il craint extrêmement une rup- « ture avec la France. Le moment est favorable pour exiger des

« Turcs tout ce qui conviendra à votre gloire et à l'avantage de « vos sujets; et le Grand Vizir, qui a de l'esprit et de la politique, « ne risquera jamais sa vie, sa fortune et celle de son maître « pour soutenir ce que l'inhabileté de ses ministres lui a fait en- « treprendre. »

Ces conseils furent suivis; il en résulta que les capitulations furent confirmées, les additions accueillies, et que les sujets de France cessèrent d'être exposés, suivant les termes du chevalier d'Arvieux, « aux caprices des grands vizirs, gouverneurs de pro- « vince et des villes, et aux avanies continuelles. »

Le renouvellement de 1740 fut obtenu plus aisément. La France s'était posée comme médiatrice et garante de la paix de la Turquie avec le Saint-Empire romain et avec la Russie, et le sultan Mahmoud Ier manifesta sa *reconnaissance* en confirmant et en augmentant les droits que ses ancêtres avaient accordés aux sujets français et en en imposant explicitement le respect à ses successeurs. Il suffit de lire l'art. 85 et dernier de ces capitulations de 1740, pour constater que, depuis deux siècles, leur conclusion et leur renouvellement n'ont été autre chose que des traités, et pour comprendre comment ce traité engageant explicitement tous les successeurs de Mahmoud Ier, il n'y avait pas lieu de procéder depuis lors à d'autres publications par lettres patentes. Ledit article est ainsi conçu :

« Ma généreuse et Sublime Porte ayant à présent renouvelé *la paix ci-devant conclue* avec les Français et pour donner de plus « en plus des témoignages d'une sincère amitié, y ayant à cet effet « ajouté et fortifié certains articles convenables et nécessaires, il « sera expédié des commandements rigoureux à tous les com- « mandants et officiers des principales échelles et autres endroits « où besoin sera, aux fins qu'à l'avenir il soit fait honneur aux « articles de ma capitulation impériale, et qu'on ait à s'abstenir « de toute démarche contraire à son contenu, et il sera permis « d'en faire l'enregistrement, dans les Mékhéiemé ou tribunaux « publics. Conséquemment, tant que de la part de Sa Majesté, de « ce très-magnifique empereur de France et de ses successeurs, il « sera constamment donné des témoignages de sincérité et de « bonne amitié envers notre glorieux empire, le siége du califat, « pareillement de la part de notre majesté impériale, je m'engage « sous notre auguste serment le plus sacré et le plus inviolable, « soit pour notre sacrée personne impériale, *soit pour nos augustes « successeurs* de même que pour nos suprêmes vizirs, nos honorés « pachas, et généralement tous nos illustres serviteurs qui ont

« l'honneur et le bonheur d'être dans notre esclavage, que *jamais* « il ne sera rien permis de contraire aux présents articles. Et afin « que de part et d'autre on soit toujours attentif à fortifier et ci- « menter les fondements de la *sincère amitié* et de la bonne cor- « respondance réciproque, nous voulons que ces gracieuses « capitulations impériales soient exécutées selon leur noble « teneur. »

Désormais aucune lettre-patente ne sera nécessaire pour faire connaître la confirmation des traités. A partir des capitulations de 1740 rendues pour la première fois obligatoires pour les successeurs de Mahmoud Ier, aucun renouvellement n'aura plus de raison d'être. Osman III, Mustapha III, Abdul-Hamid, Selim III se suivront sur le trône ottoman, et nul n'éprouvera le besoin de leur en demander la confirmation par lettres-patentes.

Mahmoud Ier a engagé par serment la bonne foi de ses successeurs au respect des privilèges inscrits dans le traité de 1740. Désormais, il ne sera plus, dans l'histoire internationale de l'empire ottoman, question de ces privilèges qu'à l'occasion des traités de paix, comme celui de 1802, ou des traités de commerce comme ceux de 1838 et de 1861.

Or, ces traités confirment et maintiennent explicitement les privilèges acquis par les traités antérieurs.

Tous les traités conclus entre le gouvernement ottoman et les diverses puissances depuis 1802 jusqu'à ce jour, confirment tous sans exception, l'état de choses créé par les capitulations antérieures et assurent aux sujets de toutes les puissances amies les droits de la nation la plus favorisée.

Les privilèges et immunités des étrangers sont donc un droit, un droit acquis dans l'origine par les traités et sanctionné par des traités.

Mais depuis longtemps la Porte ottomane supportait difficilement le joug des capitulations.

Ses empiétements sur les privilèges accordés aux communautés chrétiennes avaient été la cause principale de la guerre de 1854-55.

La Porte profita de la victoire des puissances occidentales alliées pour se plaindre amèrement de ces capitulations au Congrès de Paris en 1856.

Voici ce que contient le procès-verbal du 24 mars 1856 :

« Ali-Pacha attribue toutes lesdifficultés qui entravent toutes les relations commerciales de la Turquie et l'action du gouvernement ottoman à des stipulations qui ont fait leur temps. Il entre dans des détails tendant à établir que les privilèges acquis par les capitulations aux Européens nuisent à leur propre sécurité et aux développements de leurs transactions, en limitant l'intervention de l'administration locale ; que la juridiction dont les agents étrangers couvrent leurs nationaux, constitue une multiplicité de gouvernements dans le gouvernement, et par conséquent, *un obstacle infranchissable à toutes les améliorations.* »

Le traité de Paris maintint dans leur intégralité les capitulations ; mais la condescendance que les plénipotentiaires de 1856 avaient montré, *en s'interdisant toute immixtion dans les affaires intérieures de la Turquie*, ne devait pas tarder à porter ses fruits.

Le 9 octobre 1862, Ali-Pacha, le plénipotentiaire de 1856, s'exprime ainsi :

« On sait quelle était la situation de la Turquie quand les relations avec l'Europe ont commencé. Quelques négociants, complétement étrangers au reste de la population, habitaient quelques-unes des échelles du Levant. Ils avaient très-peu de rapports avec les indigènes, et ne se livraient absolument qu'au commerce en gros. Le gouvernement ottoman leur a accordé des immunités que l'état de la société où ils se trouvaient, les coutumes et les habitudes de ce temps leur avaient rendues nécessaires ; mais tout ce qui existait alors a cédé la place à un état de choses parfaitement différent. L'Europe a subi des changements, *la Turquie n'est plus ce qu'elle était alors.* Les relations entre elle et l'Europe ne sont plus les mêmes. Tout a donc changé, excepté ces *capitulations surannées*, qui sont souvent mises en avant pour justifier des prétentions incompatibles avec la situation actuelle et de *nature à rendre impossible la marche régulière du gouvernement.* Les sujets étrangers ne relèvent, en vertu des capitulations dont il s'agit, que de leurs propres autorités. Il s'en suit qu'on a, dans les provinces de l'Empire, autant d'administrations de police, autant de tribunaux régis par des lois différentes qu'il y a de consulats. *Ainsi, en matière de police, aussi bien que dans tout ce qui regarde l'administration judiciaire, financière et autres, la main du gouvernement est arrêtée au nom de cette anomalie.* Les graves inconvénients qui résultent d'une situation si extraordinaire, *les obstacles insurmontables qu'elle oppose à l'accomplissement des vœux du Sultan de faire régner dans toutes les branches de l'administration l'ordre et la régularité, sont trop évidents* pour avoir besoin d'être énumérés ici, et leur portée ne peut pas être mieux appréciée que par ceux sur lesquels repose la responsabilité du gouvernement de l'empire. »

Plus récemment, en avril 1869, un document émané de la Sublime Porte, et sur lequel nous reviendrons plus en détail, contient la phrase ci-après :

« Nous avons maintes fois démontré combien l'existence même des capitulations porte d'*entraves au fonctionnement régulier des institutions et à la marche progressive de la civilisation de l'Empire.* » On le voit, la plainte est formelle, si la Turquie n'améliore pas son régime, si le désordre se maintient dans toutes les branches de l'administration, judiciaire, financière et autres, si la Turquie reste en arrière de toute civilisation, Ali-Pacha l'affirme, la faute en est aux capitulations.

C'est pourtant grâce à elles, que les étrangers ont abordé en Turquie et y ont apporté les idées d'une civilisation plus avancée ! C'est grâce aux capitulations que les lieux saints, les pieux voyageurs et les églises ont été respectés, que la Turquie n'est pas restée une Chine isolée du reste du monde et qu'elle a pu être accueillie au concert des puissances. Et voici comment M. Brunswick, dans son *Traité des capitulations*, répond à ces reproches :

« Est-ce en vertu des capitulations que le témoignage des chrétiens est repoussé le plus souvent du sein des tribunaux ?

« Que la publicité des audiences est restée un vain mot ?

« Que la grande majorité des juges sont ignorants de toute législation et de toute honnêteté ?

« Qui a empêché la sublime Porte, depuis 1839, de fonder des écoles de droit, d'administration, etc ?

« Qui a empêché la sublime Porte de punir les gouverneurs concussionnaires, les juges prévaricateurs ?

« Qui a empêché Ali-Pacha d'infliger des punitions exemplaires aux juges de toute sorte qui ont trafiqué de la justice ?

« Qui l'a forcé d'appeler un djevded à la présidence de la Cour suprême, et un maquignon à la Commission chargée d'élaborer un code civil ?

« Rendre les capitulations responsables du désordre, de l'anarchie et de la corruption qui existent dans tout le corps social est une absurdité destinée à masquer et à absoudre les iniquités monstrueuses de tous les instants.

« Nous pourrions multiplier les citations, montrer le sultan Abd-Ul-Médjid, bâtissant le palais de Dolma-Baghtché, dont un staticien a dit qu'avec les frais et les vols qu'il a occasionnés on aurait pu l'élever en plaques d'argent massif.

« Le désordre financier, l'excès des dépenses sur les recettes, est-ce l'œuvre des capitulations ?

« Mais nous touchons là le point le plus sensible. Les capitulations interdissent toute levée d'impôts sur les résidents étrangers; si nous pouvions, se dit le gouvernement Turc, mettre la main sur la fortune des étrangers, notre trésor serait beaucoup plus riche.

« En êtes-vous bien sûr ?

« Non, vous ne seriez pas plus riches, car l'abrogation des capitulations serait le signal du départ précipité des étrangers, vos ressources diminueraient, la prospérité relative que vous assurent les Européens s'évanouirait, et au bout de tout cela, pour vous, la banqueroute, que nous avons le droit et le devoir de prévenir, dans votre intérêt, comme dans celui de notre pays, car nous sommes créanciers de votre trésor.

« Reconnaissez-donc que les capitulations ne sont ni un luxe superflu, ni un meuble inutile, et cherchez autre part, et en vous-mêmes, la cause de vos embarras. »

Mais l'attitude du Corps diplomatique empêcha la Porte de donner suite au désir qu'elle avait manifesté de décréter l'abolition des capitulations et de présenter à l'Europe le prétendu fait accompli de l'assimilation des étrangers aux indigènes.

L'Égypte avait pris, dès l'année 1867, pour arriver au même but, une autre voie.

Loin de se livrer à des menaces et à des attaques directes, elle procédait par des atteintes déguisées.

Elle tentait, sous la forme d'une organisation municipale à laquelle elle conviait les étrangers, de faire tomber leurs priviléges et de les assujettir à diverses taxes prohibées par les traités. Mais cette tentative ne laissa pas que d'échouer devant la perspicacité du corps consulaire et des notables, et le refus absolu du gouvernement de permettre à ceux qu'il voulait imposer la moindre ingérance administrative et le moindre contrôle des dépenses.

Dans son rapport à S. A. le Vice-Roi, communiqué aux puissances, à l'appui de la demande d'une réforme judiciaire, Nubar-Pacha, professant un respect hypocrite pour les capitulations, protestait seulement contre les prétendus abus dont elles avaient été la source.

Il proclamait et les avocats de la réforme répétaient que c'était le retour aux capitulations et non leur violation qu'il cherchait.

La sublime Porte, qui ne se trompait pas sur la portée de la Note égyptienne, avait protesté auprès des divers cabinets et revendiqué pour elle-même l'abrogation des capitulations.

L'accueil sympatique fait aux idées du gouvernement égyptien, à cause de la forme sous laquelle on avait eu l'adresse de les présenter, amena alors un rapprochement entre le vassal et le suzerain.

Le diplomate arménien fit miroiter aux yeux de son maître les avantages qu'il pouvait tirer de la situation.

On persuada à la sublime Porte que, loin d'entraver l'Égypte dans ses projets de réforme, elle devait au contraire les appuyer. — N'étaient-il pas, en fait, l'abrogation des capitulations ? Qu'importait la conservation nominale des priviléges si, par suite de l'organisation projetée, ils ne pouvaient plus recevoir d'application. Ce qu'obtiendrait l'Égypte ne profiterait-il pas forcément à la Turquie ?

Nous n'entreprendrons pas d'établir ce qu'il en a coûté pour faire apprécier ce raisonnement par la Porte, et obtenir son adhésion ; pour la faire acquiescer en même temps au principe d'hérédité directe, en violation formelle du traité de 1841. — Ce sont les deux causes principales qui ont ouvert le gouffre où est allé s'engloutir le trésor égyptien, trésor qui se dépense en entreprises infructueuses, ou se déverse dans les caisses de la sublime Porte, comme prix de faveurs chimériques, au fur et à mesure que l'Europe bénévole veut bien remplir ce tonneau des Danaïdes.

La sublime Porte ne retirera peut-être pas du succès de la réforme égyptienne le bénéfice qu'elle en espère, pas plus qu'il ne lui est possible d'instituer chez elle l'hérédité directe consentie en Égypte, mais ces deux entreprises du khédive lui auront au moins servi à accroître ses ressources ; et si ses grands vizirs ont fermé les yeux sur les dangers que pouvait contenir au point de vue de la vassalité, une institution judiciaire spéciale pour l'Égypte, jointe à l'hérédité directe, il est probable qu'ils tiennent en réserve, dans les arcanes secrètes de leur diplomatie byzantine, un moyen tout prêt pour paralyser le résultat que l'Égypte attend de ces modifications, si chèrement achetées.

Mais si la Turquie a matériellement profité des tentavives égyptiennes, elles ont été pour l'Égypte même des causes puissantes d'appauvrissement. Si aux sommes versées à Constantinople on ajoute celles employées pour les négociations délicates de la réforme qui durent depuis 7 ans, et ont dû être assez puissantes pour amener divers cabinets presque hostiles au début à se montrer favorables, on arrive à des supputations hors de calcul, qui n'entrent pas pour peu dans le chiffre de deux milliards et demi de francs qui constitue la dette réelle de l'Égypte.

On comprend alors tout ce qu'avait de douloureux le mot que

le khédive, qui tient à la réforme en raison du prix qu'il l'a payée, disait un jour à l'un de ses familiers : « Si la réforme de Nubar « Pacha, ne réussit pas, c'est un coup d'épée dans l'eau qui « m'aura coûté cher ! »

La sublime Porte, entrant dorénavant dans la voie ouverte par Nubar-Pacha adressait aux puissances, en avril 1869, un memorandum dans lequel elle commence par protester de son respect pour les capitulations :

« Les capitulations ayant été consacrées par les traites postérieurement conclus entre la sublime Porte et les puissances « étrangères, doivent, tant qu'elles sont en vigueur, être scrupu« leusement respectées au même titre que ces traités. »

Mais, après avoir posé ce principe, l'auteur du *Memorandum* se plaint des abus; voici en substance ceux qu'il énumère :

1°. Extension des capitulations qui sont l'apanage exclusif des étrangers à des sujets ottomans qui ne sont point attachés au service des ambassadeurs ou consuls.

2°. Exemption générale d'impôts. Suivant le *Memorandum*, les étrangers ne sont exempts que des taxes arbitraires qui ont, dit-il, complétement disparu ; d'où il suit que, n'étant exempts que des taxes qui ont disparu, les étrangers doivent être soumis à toutes celles qui existent, comme les indigènes.

3°. Extension aux Consuls du droit d'exterritorialité dont jouissent les représentants ou ambassadeurs des Puissances. Revendication pour la sublime Porte, du droit de juger les consuls, même lorsqu'ils auront commis quelque crime ou délit.

4°. Extension arbitraire du même droit d'exterritorialité aux drogmans.

V°. L'inviolabilité du domicile de l'étranger est étendue en dehors des localités où il y a un consul. Partout où il n'y a pas de consul présent, il y a seulement lieu suivant, le *Memorandum*, de respecter le domicile de l'étranger tout autant que celui des sujets indigènes. Aussi, la police ne peut-elle entrer, sans observer toutes les formalités, dans la demeure d'un sujet étranger, c'est-à-dire dans la maison d'habitation et ses attenances, c'est-à-dire les communs, cours, jardins et enclos contigus. — En dehors de la maison d'habitation et de ses attenances, dit le *Memorandum*, l'action de la police s'exercera librement et sans réserve.

VI. Les étrangers, comme les indigènes, ayant droit à la protection des lois de l'empire; ce droit même entraîne pour eux l'obligation corrélative de se soumettre à ces lois.

VII. C'est par abus qu'en matière civile ou criminelle, les tribunaux consulaires connaissent des affaires où se trouvent mêlés un indigène et un étranger. Les consuls ne sont compétents et le sont exclusivement que pour connaître des procès entre étrangers.

VIII. — 1°. Le Consul est tenu de contraindre ses nationaux à comparaître devant le tribunal ottoman, sans avoir le droit d'examiner au préalable la valeur de la réclamation, ni la compétence du tribunal.

2°. Pendant les débats, l'assistance du drogman est nécessaire, mais elle ne constitue pas une nécessité indispensable, son absence n'est pas une cause de nullité;

3°. Le juge turc prononce sa sentence, soit en présence, soit en l'absence du drogman; cette sentence est obligatoirement exécutoire par le consul sans autre examen;

4°. Quant aux poursuites exercées contre les étrangers pour crimes ou délits, le *Memorandum* les revendique pour l'autorité locale qui arrête, juge ou condamne et exécute la sentence d'une façon souveraine. C'est tout au plus si le drogman peut assister aux débats et dans les causes de ce genre où un sujet ottoman est poursuivi pour crime commis sur la personne d'un sujet étranger, le drogman peut même être repoussé de droit et n'est toléré que par convenance.

IX. L'art. 51 des capitulations de 1740, qui veut que tous les procès au-dessus de 4,000 aspres soient évoqués au divan, n'a plus sa raison d'être. Les procès excédant 4,000 aspres doivent être, comme les autres, portés devant les tribunaux de commerce.

Cette clause serait, dit le *Memorandum*, applicable aussi bien quand l'étranger est défendeur que lorsqu'il est demandeur ; et comme les ambassadeurs et consuls refusent de la laisser exécuter contre les étrangers défendeurs, on ne doit pas l'appliquer quand ils sont demandeurs.

Telles sont, dit le dernier article du *Memorandum* : « les limites, « les priviléges que les capitulations, ont conférés aux étrangers. « Diverses causes qui ne peuvent nullement constituer de droits, « dit-il, ont donné lieu à ce que, dans l'application, les dispositions « de ces actes ont été faussées et qu'elles ont donné lieu à une « foule d'abus. Il appartient à ceux qui sont appelés à appliquer « les lois de l'Empire, de faire cesser les abus, en s'inspirant « constamment de leurs devoirs et en ne tolérant aucun acte pou- « vant porter atteinte aux droits de S. M. I. le sultan.

Nubar-Pacha, dans sa note communiquée aux Puissances, tenait absolument le même langage. C'est également la même thèse qu'il a soutenue au sein des commissions successivement réunies au Caire et à Constantinople.

Il suffit de rapprocher le texte du *Memorandum* et le texte du réglement d'organisation judiciaire en Égypte, pour voir qu'ils violent également l'esprit et la lettre des capitulations.

Et si le *Memorandum* fut désavoué sur les énergiques représentations du marquis de Lavalette, la diplomatie de Stamboul doit sourire en voyant que les gouvernements européens vont en accepter et en consacrer les exigences par l'adoption du projet égyptien.

Le *Memorandum* soutenait que les étrangers n'étaient exempts que des taxes arbitraires et devaient être soumis aux autres impôts comme les indigènes.

C'est aussi l'opinion de Nubar-Pacha.

Il n'y a qu'à lire la série des taxes et impôts édictés par lui depuis quelque temps, et communiqués aux Consuls généraux, afin qu'ils aient à y soumettre leurs nationaux, pour se convaincre qu'il professe sur ce point la même opinion que l'auteur du *Memorandum*.

Le texte des capitulations (1740) est pourtant formel. Art. 63. « Les marchands français et autres dépendants de la France, *ne* « *pourront être inquiétés pour le tribut nommé Karacth, ni pour* « *aucun autre impôt.* — Art. 67, art. 24, art. 10 : on n'exigera d'eux « ni le nouvel impôt de Kassabié, ni Relf, ni Badj, ni Yassak- « Qoulou et pas plus de trois cents aspres pour le droit de bon « voyage dit Semaletlik-Resmi. »

« Art. 25. — Ils seront exempts des impôts arbitraires, dit « tekialifi-ourfié. — Art. 13. Leurs interprètes rayas qui sont au « service de leurs ambassadeurs seront exempts du tribut dit « Kharatch, du droit de Kassabié et des autres impôts arbitraires « dits : tekialifi-ourfié. »

C'est ici qu'il importe de s'entendre sur la signification du mot arbitraire. Il n'y a en Turquie comme en Égypte de légales que les impositions établies en vertu de la loi religieuse.

Ces Roussoum-Chériié ou impositions légales sont au nombre de trois : 1° L'impôt foncier, 2° La douane et 3° La capitation ou kharatch. Or, les Européens payent deux de ces impositions légales soit la douane, conformément au taux fixé par les traités; soit, depuis le traité qui accorde le droit de propriété, l'impôt foncier.

Ils ont toutefois, pour ce dernier, un moyen d'échapper à des taxes trop vexatoires, c'est d'offrir la dîme en nature édictée par le Koran.

L'assimilation complète de l'Européen à l'indigène, en matière d'impôt foncier, rendrait le droit de propriété tout-à-fait illusoire; car il est de notoriété publique qu'en Égypte le détenteur du sol paye au gouvernement à titre d'impôt foncier 64 p. 100 du rendement brut de la terre. — Et cela en dehors de la corvée, des taxes extraordinaires, de l'impôt sur les têtes de bétail, sur les têtes d'arbres, jusque sur la fiente des animaux, qui, desséchée au soleil, sert de combustible aux paysans (fellahs), dans un pays où il n'y a ni forêts, ni bois.

Mais là s'arrête la perception sur les Européens.

Les autres contributions, connues autrefois sous les noms de Kassabié, Badj, Refl, etc., ou sous quelque dénomination qu'elles figurent aujourd'hui, sont *tekialifi-ourfié*, c'est-à-dire d'institution souveraine, contraires aux lois canoniques et par conséquent arbitraires.

Les capitulations nous affranchissent donc, non seulement des exactions dites *awani*, dont le nom a passé dans toutes les langues de l'Europe et dont la chose fleurit toujours en Orient; mais encore de l'une des impositions légales ou Roussoum-Chériié, celle de la capitation, et de toutes celles d'institution souveraine tékiafii-ourfié, sous quelque nom qu'elles paraissent.

Les impôts qu'on édicte chaque jour en Égypte peuvent, sous tous les rapports, être qualifiés d'arbitraires. Aussi les Européens en sont-ils complétement affranchis, car les consuls refusent de les faire percevoir; et, comme les Européens ne peuvent être jugés et condamnés que par leur autorité consulaire respective, il en résulte que les décrets vice-royaux sont pour les Européens lettre-morte.

Mais qu'arrivera-t-il après la réforme ?

Il suffit d'examiner les art. 9, 10 et 11 combinés du règlement organique, au titre compétence, pour s'en rendre compte.

L'art. 11 dispose formellement que les futurs tribunaux *ne pourront interpréter une mesure administrative ni en arrêter l'exécution.*

A qui recourra le français (l'européen), poursuivi en payement d'impôts et de taxes arbitraires ? A son consulat ? Non, car l'art. 9 déclare que les nouveaux tribunaux connaîtront *seuls* de toutes les contestations en matière civile et commerciale entre indigènes et étrangers, et l'art. 10, que le gouvernement sera justiciable de ces tribunaux dans les procès avec les étrangers. Le consul ne pourra donc ni intervenir, ni empêcher une poursuite et une condamnation. Tout au plus pourra-t-il assister impassible à l'exécution sans pouvoir l'empêcher.

L'européen pourra-t-il espérer en ces tribunaux ? Non, puisqu'ils ne peuvent interpréter un acte d'administration ni en arrêter l'exécution.

Cependant l'art. 11 dispose que ces tribunaux pourront juger les atteintes portées à un droit acquis d'un étranger? Malheureusement le même article n'accorde ce droit que dans les cas prévus par le code civil. Or, le code civil, préparé par les soins du gouvernement égyptien, ne parle point des capitulations.

Le français pourra-t-il au moins recourir à la *convention* par laquelle le gouvernement de la mère-patrie a déchiré, sans nécessité, la loi protectrice et séculaire qui abritait jusque-là sa personne et ses biens. A-t-on songé, en adhérant à ce projet qui, selon ses promoteurs, est un retour aux capitulations, à affirmer et à réserver ces mêmes capitulations ? Non, ou plutôt, si on y a fait allusion, c'est pour mieux les détruire. Notre consul plénipotentiaire n'en a réservé le bienfait tutélaire que pour lui et les établissements religieux !

Ainsi le règlement organique que l'on propose et la convention que l'on a acceptée sous réserve de ratification, violent les capitulations, en matière d'impôts, au même titre que les prétentions du *memorandum* que son auteur fut obligé de retirer et de désavouer.

Mais supposons, un instant, que ces tribunaux pourraient interpréter une mesure administrative et déclarer, par exemple, qu'un français doit être exempt de tel ou tel impôt, en vertu de tel article des capitulations. Auraient-ils l'indépendance nécessaire pour se livrer à une telle interprétation ? Il suffit d'examiner leur composition pour être convaincu du contraire, deux juges sur cinq seront indigènes. Il serait impossible de trouver une personne honorable osant affirmer qu'il peut se trouver deux juges égyptiens capables, en cette circonstance, de décider, contrairement aux vues du gouvernement : sur cinq juges il y en aura donc deux acquis au gouvernement. Il suffira qu'un des trois européens se range de leur avis pour que l'adversaire du gouvernement soit condamné. En un mot, étant donné, ce qui est incontestable, que les juges indigènes seront toujours favorables à l'intérêt indigène, il en résulte la situation bizarre que voici : Ce sera comme si ces sortes de procès étaient déférés à un tribunal de trois européens, avec cette condition que l'opinion favorable d'un seul suffirait pour assurer gain de cause au gouvernement, tandis qu'il faudrait l'unanimité à son adversaire.

N'avons-nous pas l'exemple du tribunal mixte actuel pour les procès entre l'européen demandeur et l'indigène défendeur, où l'on n'a jamais vu les assesseurs indigènes d'accord avec les assesseurs européens. C'était à l'occasion d'un déni de justice, émanant de ce tribunal, sous la pression du gouvernement, que l'avocat qui s'est fait depuis l'avocat de la réforme, écrivait dans une brochure imprimée, que nous avons sous les yeux, cette phrase caractéristique : « En Égypte on ne tue plus, on ruine. » Il proclamait là une vérité qui fait le fond de la terreur inspirée par la réforme à toute la colonie. Les négociants européens ont, il est vrai , à souffrir du mauvais fonctionnement du tribunal mixte actuel. Mais, d'abord, ils ne sont obligés d'y recourir que lorsqu'ils sont demandeurs, et dans ce cas ils y arrivent nantis de titres, billets, lettres de change, contrats ou factures, qui enlèvent au président, qui doit au moins sauver les apparences, tout moyen de ne pas juger comme les assesseurs européens. Il ne s'agit, en outre, que d'intérêts purement commerciaux, car toutes les affaires où le gouvernement, les administrations ou les dairas des princes sont en jeu, sont traitées par la voie diplomatique, tant il est avéré et admis que dans ces cas les juges indigènes, y compris le président, n'oseraient juger suivant leur conscience. Et qu'on ne croie pas que notre idée soit de déverser le mépris sur les Égyptiens puisque s'ils devenaient sujets affranchis dans une monarchie raisonnable, nous ne voudrions pas d'autres juges. Leur conduite s'explique par leur état, et serait celle des Européens eux-mêmes s'ils étaient tenus dans la même servilité et avaient à redouter les mêmes représailles. — Et qu'on ne vienne pas dire que l'instruction qu'auront reçue les magistrats indigènes, leur inamovibilité, etc., en feront d'autres hommes. Ils ne pourront se défendre d'être sur leur siége des avocats plus éclairés de leurs coréligionnaires et des serviteurs plus habiles de la volonté souveraine. Les affirmations contraires et les grands mots d'inamovibilité et de statut personnel (1) dont on les entoure, peuvent surprendre la bonne foi de l'Europe, mais elles font sourire l'indigène lui-même aussi bien que le résident européen

Mais ce n'est pas seulement au point de vue fiscal que la nouvelle organisation présente de sérieux dangers et enlève aux Européens la sécurité absolue qui seule rend possible le séjour en Orient.

Si nous envisageons l'intérêt purement commercial, nous voyons que l'égalité devant la loi, ce principe essentiel de toute justice ne saurait régner en présence de la différence profonde

(1) On avait promis de publier un statut personnel des indigènes.

qui existe entre l'état de l'indigène et celui de l'Européen, entre ce qui fait l'honneur et le déshonneur dans le monde européen ou dans le monde musulman.

La Convention, nous dira-t-on, refuse aux nouveaux tribunaux la compétence pour les cas de banqueroute frauduleuse. Mais la faillite simple n'est-elle pas par elle-même un déshonneur et n'a-t-elle pas pour l'Européen la ruine et le dépouillement pour conséquence. En sera-t-il de même pour l'indigène ? Ce dernier n'en jouira point d'une moindre considération ni à ses propres yeux, ni aux yeux de ses coréligionnaires. Ce genre de déshonneur n'est pas prévu au Koran, qui ne qualifie point de vol l'action de frustrer un étranger et défend même le prêt à intérêt. Le failli indigène sera-t-il au moins atteint dans ses biens et dans sa fortune ? L'expérience est là pour établir que la faillite ne fait la plupart du temps pas plus souffrir un indigène dans sa fortune que dans sa dignité. N'a-t-il pas deux refuges assurés et inviolables où il peut impunément mettre ses biens à l'abri ? Le Harem pour les meubles, le Wakf pour les immeubles.

Mais, disent nos réformateurs devant l'objection puissante du Harem, la loi autorisera les officiers de justice chargés de l'exécution des sentences à y pénétrer. Outre que ce mode d'exécution est formellement contraire aux prescriptions du Koran, tout le monde est d'accord pour reconnaître que ces perquisitions ne sauraient amener de résultats. Il faudrait qu'elles se poursuivissent de harem en harem et à travers les méandres de dissimulation des indigènes qui, à un moment et sur un signal donnés, savent si bien, pour se protéger réciproquement contre l'étranger, se constituer en véritable franc-maçonnerie. Qui pourra du reste pénétrer dans les harems ? Ira-t-on jusqu'à fouiller les femmes qui auront sur elles toute une fortune en bijoux et diamants ? Un plaisant disait qu'il conviendrait alors de prendre les huissiers dans la légion des eunuques qui peuplent les maisons des indigènes.

Ces êtres de confiance peuvent seuls, en effet, pénétrer dans le sanctuaire féminin avec le droit voulu. Mais offriraient-ils les garanties désirables, eux les complices naturels des esclaves blanches ou noires dont ils sont constitués les gardiens. Quoi qu'il en soit, l'idée était certainement juste et gaie ; malheureusement le problème à résoudre est sérieux et la situation dangereuse. Mais le plus grand danger se trouve dans l'institution des Wakfs et dans les combinaisons auxquelles elle se prête pour sauver les immeubles.

Voici l'une de ces combinaisons :

Le propriétaire d'un immeuble le fait Wakouf (Bien de mosquée), c'est-à-dire transporte la propriété nominale à la mosquée, Celle-ci en revanche par un autre acte simultané en abandonne la jouissance perpétuelle à l'ex-propriétaire et à ses héritiers moyennant une redevance annuelle plus ou moins insignifiante. A partir de ce moment, l'immeuble est insaisissable et inaliénable. L'ex-proprietaire peut avoir autant de créanciers qu'il voudra; aucun d'eux ne pourra exercer le moindre recours contre cet immeuble. Il est désormais sacré, inviolable; il est la propriété de la mosquée et des lieux saints. Ainsi un débiteur ottoman ou égyptien peut, à l'abri de ses biens faits wakoufs, jouir des revenus d'un archi-millionnaire et se prétendre et s'établir pauvre en face de ses créanciers! Ainsi, dans le cas de faillite pris pour exemple, l'Européen sera plus ou moins flétri, dans tous les cas dépouillé et ruiné; l'indigène, au contraire, pourra impunément promener son opulence quand il aura eu livré le peu de marchandises qu'il aura laissé dans ses magasins sans agencement, comme une part offerte à l'ardeur des syndics.

Mais ce ne sera pas seulement en matière de faillite et de commerce ordinaire que ces pieuses fraudes porteront un préjudice considérable et mortel aux Européens. — Il est des détails et des agissements calculés qui ne peuvent trouver place dans ce travail.

Qu'il suffise de rappeler ce fait, pris dans la plus haute région sociale de l'Égypte. Le Khédive possède, comme on sait, à peu près les trois quarts du sol égyptien. Il a, dans une juste et paternelle prévoyance, partagé ses immenses domaines entre ses nombreux enfants. — Or, ces biens ainsi partagés sont déjà tous faits wakoufs! — par conséquent mis à l'abri de toute revendication et à toujours insaisissables! Du reste, ce souverain aurait encore une ressource, celle de faire *momentanément domaines publics ses propres domaines, sauf, quand le péril serait conjuré, à faire de nouveau privés ces domaines, devenus un instant publics pour les besoins de la situation.*

Le règlement d'organisation judiciaire dont on propose l'approbation à l'Assemblée nationale, laisse-t-il au créancier européen un moyen d'échapper aux conséquences de pareilles manœuvres?

Mais n'y aurait-il donc pas de recours, contre de telles spoliations, pardevant les nouveaux tribunaux, dont particuliers, administrations et gouvernement sont également justiciables?

Aucunement, car il semble que ce soit en vue de ces multiples hypothèses qu'ont été conçus et rédigés les articles 11 et 12 combinés du règlement d'organisation judiciaire :

Art. 11. « *Ces tribunaux ne peuvent statuer sur la propriété du* « *domaine public ni interpréter ou arrêter l'exécution d'une mesure* « *administrative...* »

Art. 12. *Ne sont pas soumises à ces tribunaux les demandes des étrangers contre un établissemeut pieux en revendication de la propriété d'immeubles possédés par cet établissement...*

Si l'on nous objectait que ces inconvénients peuvent se produire actuellement, nous répondrions que, dans l'état présent, nous avons, contre ces sortes d'agissements, un recours suprême. Le domaine public et privé, aux yeux et dans la conscience de tous, ne sont qu'une seule et même chose, et, si des particuliers se livrent à des subterfuges de ce genre, le gouvernement est responsable du préjudice qu'ils peuvent causer à des tiers. L'action diplomatique en un mot intervient pour faire rendre justice à qui elle est due. Le régime que l'on veut établir n'a qu'un résultat pour nous, c'est, en nous dépouillant du droit à l'action diplomatique, de nous livrer sans moyens de résistance et sans recours, à la merci des débiteurs indigènes, petits ou grands; c'est de jeter la crainte et la méfiance dans les transactions, de paralyser par conséquent le commerce, de laisser enfin l'Europe désarmée en face d'une situation déplorable qui ne tardera pas à se montrer dans sa poignante et terrible réalité!!

Mais, nous dira-t-on encore à ce dernier point de vue général : — Les puissances qui sont, comme la France, créancières de l'Empire ottoman et de l'Égypte consentent: où est donc l'intérêt particulier de la France? Quelques mots suffisent à le démontrer.

L'Angleterre et la France sont à peu près les seuls états ou du moins les deux principaux créanciers de l'Égypte.— L'Allemagne, par contre, n'y a que peu d'intérêts. L'Angleterre trouvera dans l'affaire du canal une compensation et des avantages qui lui semblent suffisants.

La France, au contraire, ne peut attendre du futur état de choses qu'un amoindrissement et des pertes de toute nature.

Les art. 1, 3 et 4 du memorandum méritent une attention spéciale: « *Les priviléges conférés par les capitulations* « *sont l'apanage exclusif* des étrangers. » Voilà une déclaration qu'il est bon de retenir. — Mais, dit-il ensuite, les puissances étrangères n'ont pas le droit d'étendre leur protection aux sujets ottomans autres que ceux qui sont à leur service en qualité de drogman ou de yassakdji. Et encore ces derniers ne doivent-ils *être protégés* que personnellement et *pour leurs fonctions.* — Les simples Consuls des puissances n'auraient pas, suivant le memorandum, les prérogatives d'exterritorialité absolue dont jouissent les étrangers et les seuls ambassadeurs. Aussi le memorandum revendique-t-il pour les tribunaux locaux le droit de juger les Consuls en matière criminelle, comme en matière civile. Nous n'avons pas à prendre ici la défense des Consuls, qui ont si peu pris celles de leurs nationaux. Constatons seulement le résultat anormal auquel on est arrivé : « La Convention égyptienne (art. 7) réserve ex-« pressément le bénéfice des capitulations, des usages et « traités en vigueur pour les agents diplomatiques, leurs « familles, les Consuls et *toutes les personnes* attachées aux « consulats, ainsi que pour les établissements religieux et « catholiques placés sous le protectorat de la France. »

Aussi, dit le même article, ces personnes en faveur desquelles sont maintenues les capitulations « ne seront pas « justiciables des tribunaux mixtes, et les nouvelles lois « ne seront applicables ni à leurs personnes ni à leurs « maisons d'habitation. »

C'est le cas de répéter avec les rédacteurs de la note sur la convention que nous publions en appendice : « *La « réforme judiciaire est une bonne chose ou une mauvaise « chose;* si c'est une bonne chose, pourquoi en priver les « Consuls européens ou indigènes, drogmans européens « ou indigènes, les domestiques européens ou indigènes « des Consuls, les établissements religieux, etc.; si c'est « une mauvaise chose, pourquoi y soumettre la colonie? »

N'y a-t-il pas là une anomalie susceptible de produire une légitime irritation parmi les membres de la colonie? Eh quoi! il suffira, d'être attaché, de près ou de loin, à n'importe quel titre, au Consul ou au consulat, qu'on soit indigène, Syrien, Albanais ou rajah quelconque, drogman ou domestique, pour être exempt de la nouvelle justice que nos négociateurs trouvent cependant assez bonne pour les vrais Français qui sont venus, à l'abri d'usages et de traités séculaires, au risque de leur vie, fonder des établissements commerciaux industriels; créer souvent au prix de toute une existence de lutte et de travail, des positions auxquelles tiennent leur fortune et leur avenir; en même temps que dans ces pays qui sans eux n'auraient réalisé aucun progrès, ils apportaient la lumière, le mouvement intellectuel et l'ascendant civilisateur de leur mère-patrie?

Et cependant, de l'aveu même du memorandum, c'est de tous ces étrangers, négociants, industriels et autres *que les priviléges conférés par les capitulations sont* L'APANAGE EXCLUSIF!

Y eut-il jamais violation plus flagrante? où en trouver preuve plus forte et plus significative que dans cette clause de la convention (art. 7). — Les personnes qui continueront de jouir des priviléges accordés par les traités en vigueur ne seront pas justiciables des tribunaux mixtes; et les nouvelles lois ne seront applicables ni à leurs personnes ni à leur maison d'habitation.

Donc, et par une conséquence forcée, ceux que l'on soumet aux tribunaux mixtes et auxquels les nouvelles lois seront applicables, *ne jouiront* PLUS du bénéfice des traités en vigueur!

Nubar-Pacha avait bien raison de dire à la Sublime Porte

que le meilleur moyen d'obtenir l'abrogation des capitulations, était de demander le retour à leur rigoureuse observance. — Si le memorandum a été repoussé par la diplomatie, la demande de l'Egypte va être accueillie, et les capitulations se trouveront abrogées de fait. — Le diplomate égyptien a obtenu beaucoup plus que ne demandait le *memorandum désavoué :* ce dernier reconnaissait que les capitulations étaient *l'apanage exclusif* des étrangers ; la convention égyptienne, *faisant la part des consuls très-large,* assujettit tous les étrangers, *même pour les contestations entre eux*, même en matière de certains délits et crimes, à des tribunaux dont les juges sont de nomination vice-royale avec ou sans désignation.

L'art. 5, tout en revendiquant dans les endroits où il n'y a pas de consul, l'entrée libre de la police dans la maison d'habitation d'un étranger, *consacre l'inviolabilité absolue du domicile de l'étranger dans les endroits où il y a un consul.*

« *Nulle visite domiciliaire ne peut être pratiquée par les*
« *autorités impériales dans la maison d'un étranger sans*
« *que le consul dont il relève n'en soit prévenu,* ET SANS
« L'ASSISTANCE DU DÉLÉGUÉ DE CE DERNIER. »

La convention égyptienne et le règlement d'organisation judiciaire biffent d'un trait de plume la nécessité de l'assistance du délégué du consul. Il suffira désormais que le consul soit prévenu. Qu'il envoie ou non un délégué, qu'il veuille ou non, il sera passé outre.

Qui ne comprend la différence absolue de situation? Le consul, protecteur né de ses nationaux, *sans le concours et l'ordre effectifs* duquel l'autorité locale ni aucune autorité judiciaire ne peuvent agir, ne sera plus qu'un spectateur impassible, dont l'absence ou la présence devient indifférente, puisqu'il ne peut rien empêcher et s'est dépouillé, à l'encontre du gouvernement et de ses tribunaux, de toute autorité.

Ainsi disparaît, au mépris du texte des capitulations et du droit coutumier qui en était né, le dogme de l'inviolabilité du domicile reconnu et pratiqué depuis quatre siècles. — Ce dogme était et est encore universel. Point de différence de localité, point de distinction entre la maison de demeure et le local d'affaires. Partout où l'Européen avait des intérêts ou était locataire, il portait avec lui son inviolabilité; le dogme était et est encore absolu, respecté par les autorités égyptiennes et turques, imposé au besoin par les représentants de l'Europe. Désormais, il n'y aura plus d'inviolable que le domicile des consuls, de leurs serviteurs et des religieux. — Quant aux négociants, industriels et autres, ils se débattront comme ils pourront contre les violences des agents de l'autorité.

L'art. 7 du Memorandum contient un aveu qui nous est précieux et fait ressortir une violation flagrante des capitulations, consacrée par la convention égyptienne. — Il s'agit des différends ou procès entre étrangers, texte du Memorandum :

« Les capitulations veulent qu'en matière civile, on « distingue le différend, soit qu'il concerne exclusivement « des sujets étrangers, soit qu'un intérêt ottoman s'y « trouve en cause.

« Les premiers sont exclusivement laissés à la décision « de l'ambasseur ou du consul dont relèvent ces étran- « grs, et les seconds seulement sont réservés aux tribu- « naux ottomans.

« De même, en matière criminelle, on voit par ce qui « précède que les étrangers dans l'empire, se trouvent « soumis à une double juridiction : à la juridiction des « consuls dans leurs affaires avec d'autres étrangers, et à « la juridiction locale dans leurs affaires avec les sujets « ottomans.

« Chacune de ces juridictions s'exerce dans toute sa « plénitude. »

Plus de doute possible. Les capitulations reconnaissent la compétence exclusive des tribunaux consulaires dans les procès entre étrangers.

La convention et le règlement d'organisation judiciaire, retirent cette compétence aux consuls, pour l'attribuer exclusivement aux futurs tribunaux !

Quel intérêt y a-t-il pour le gouvernement à attirer à lui ces sortes de procès ? On comprend qu'il se préoccupe de la situation faite aux indigènes ; mais en quoi le regardent les relations entre Européens. Dans ce cas, il ne peut pas dire que c'est un retour aux capitulations : C'en est bien la violation formelle et flagrante. — Cette ambition qu'aucun intérêt direct n'explique, aurait bien dû dessiller les yeux de nos diplomates.

Ce sera, nous disent le ministre égyptien et son secrétaire, auteur du livre vert, « la réforme judiciaire en Égypte et « les capitulations » d'accord avec l'exposé des motifs de la loi proposée à l'Assemblée nationale, ce sera un bienfait pour les Européens. Mais ceux-ci ne veulent à aucun prix de ce bienfait et le repoussent avec énergie. Qui donc a le droit de leur imposer un avantage qu'ils considèrent comme le pire des maux ? N'est-ce pas un aveu complet du but secret de la réforme : « *Enlever aux Européens leur droit d'exterritorialité et les assimiler aux indigènes* »

En résumé, la convention et le projet équivalent à peu près à l'abolition des capitulations ; ils en sont en tous cas la violation flagrante, non seulement en matière de juridiction, mais, contrairement à la croyance exprimée dans l'exposé des motifs, en matière de taxes, d'impôts, et de violation de domicile.

Le nouveau régime mettrait en outre la fortune des particuliers à la merci du gouvernement.

Nous n'en voulons d'autre preuve que cette phrase caractéristique de M. l'agent et consul général de France qui, cependant, a signé la convention qui nous livre : « Quant au fond même de la question, je n'ai pu changer d'avis depuis l'époque où j'écrivais au Département « que nous ne saurions porter nos concessions au delà « du point où nous sommes allés ; nous avons déjà cédé « à l'administration égyptienne tout ce qui concerne la « justice civile et commerciale ; n'abandonnons rien de « ce qui touche au droit criminel. *Si nous sommes contraints de laisser la fortune de nos nationaux à la discrétion de ce gouvernement*, n'y mettons pas leur honneur ! ! »

(Documents diplomatiques, liv. jaune, p. 173 et 174.)

Les dangers que nous signalons sont si bien dans la nature des choses qu'ils frappent tout d'abord ceux qui connaissent le pays ; aussi la commission de 1867, composée d'hommes si compétents, malgré son désir de montrer du bon vouloir à l'égard de S. A. le Khédive, avait-elle limité aux contestations des contrats de bail, les cas où l'européen pourrait être cité comme défendeur devant les futurs tribunaux. Et la raison qu'elle donne de cette restriction est remarquable et dénote bien le fond de sa pensée, « parce que, dit-elle, dans ces sortes de procès, « il ne s'agit point de la fortune d'un individu. »

Le rapport de cette commission émanant d'hommes aussi compétents qu'éclairés et dont l'autorité fait loi, doit inspirer la conviction de Messieurs les représentants soucieux de la position de leurs compatriotes, qui, jusqu'à ce que leur malheur soit consommé, ont foi dans le patriotisme de l'Assemblée nationale.

Voici ce travail remarquable qui élucide cette question si complexe et si difficile pour ceux qui ne connaissent pas le pays : son étude attentive est de nature à éclairer la religion de Messieurs les députés :

RAPPORT

PRÉSENTÉ

A Son Excellence M. le Ministre des Affaires étrangères

PAR

La Commission instituée à l'effet d'examiner

Les propositions faites par le Gouvernement égyptien

POUR

RÉFORMER L'ADMINISTRATION DE LA JUSTICE EN ÉGYPTE

Monsieur le Ministre,

La Commission instituée au Ministère des affaires étrangères pour rechercher les améliorations que peut réclamer l'état actuel des institutions judiciaires en Égypte a l'honneur de soumettre à Votre Excellence le résultat de ses travaux.

Du 8 novembre au 3 décembre la Commission a siégé 15 fois.

Elle a étudié les nombreux documents qui avaient été mis à sa disposition et parmi lesquels figurent entre autres :

1° Un rapport de Nubar Pacha à S. A. le Vice-Roi d'Égypte sur la réforme judiciaire.

2° Deux dépêches de l'Ambassade de France à Constantinople en date des 18 mars et 15 octobre 1867 sur les propositions de réforme du Gouvernement égyptien.

3° Un rapport du Consulat général de France en Égypte, en date du 7 octobre, sur le même sujet ;

4°. Trois rapports du Consulat de France au Caire en date des 10 septembre, 7 octobre, 7 novembre 1867 ;

5°. Une lettre de M. Ferdinand de Lesseps à Son Exc. le Ministre des Affaires Étrangères datée du 6 novembre 1867 ;

6°. Une lettre de l'agent et Consul général d'Italie, du 6 novembre 1867 ;

7°. Une lettre de lord Stanley au colonel Stanton, agent et Consul général d'Angleterre en Égypte ;

8°. Deux lettres adressées le 28 novembre 1867 par Son Exc. Nubar Pacha à la Commission ;

9°. Enfin, plusieurs documents présentés par des résidents français en Égypte, notamment par MM. Dervieu, Jullien et Maunoury.

La Commission a tenu en outre à consulter les hommes qui, en raison de leur long séjour en Orient, des fonctions qu'ils y ont remplies ou des grands intérêts qu'ils y dirigent, pouvaient contribuer à éclairer ses délibérations. C'est ainsi qu'elle a successivement entendu : M. Ferdinand de Lesseps ; M. Tastu, Ministre plénipotentiaire, ancien Consul général de France à Alexandrie ; M. le baron d'Avril, agent et consul général de France à Bucharest ; M. le baron Saillard, Secrétaire d'Ambassade de première classe ; M. de Saint-Foix, ancien Consul de France au Caire ; M. Maunoury, avocat à Alexandrie ; M. Mouchicourt, Assesseur au tribunal consulaire de France dans la même ville ; M. Scheffer, Secrétaire interprète de l'Empereur ; M. Girette, Administrateur des Messageries impérales.

Son Exc. Nubar Pacha, Ministre du Vice-Roi a été invité en outre, par la Commission, à lui donner de vive-voix toutes les explications qui pouvaient justifier les demandes du Gouvernement égyptien.

Après avoir pris connaissance de tous les documents contenus dans le dossier qui lui avait été soumis, consulté le texte des traités et des actes officiels et recueilli dans l'enquête qu'elle avait ouverte tous les renseignements qui pouvaient l'éclairer, la Commission a procédé avec le plus grand soin à l'examen des propositions égyptiennes. Elle l'a fait sous l'empire d'une vive et juste sollicitude pour les intérêts de nos nationaux et du commerce européen, auxquels sont intimement liés les intérêts et l'avenir de l'Égypte, mais en même temps avec cet esprit de justice et de bienveillante équité qui a toujours présidé aux relations de la France avec le Levant et sans oublier, comme nous l'a rappelé Votre Excellence, « que notre rôle en Orient a toujours été d'en« courager toutes les mesures de progrès. »

Mais, avant de faire connaître le résultat auquel elle est arrivée, et de formuler son avis sur les propositions faites au nom du Vice-Roi par son Ministre, la Commission a pensé qu'il était nécessaire de présenter l'exposé de la situation actuelle des Français au Levant sous le rapport des juridictions.

Cet exposé, qui comporte certains développements, doit comprendre successivement :

1°. Le système des juridictions en matière civile et commerciale, lorsqu'il s'agit :

De contestations entre Français;

De contestations entre Français et Européens appartenant à une autre nationalité;

De contestations entre Français et indigènes;

2°. Les juridictions en matière criminelle;

3°. Les exécutions;

4°. La législation.

§ 1er. — *Juridiction en matière civile et commerciale lorsqu'il s'agit de contestations entre Français.*

Lorsque des Français établis dans les Échelles ont entre eux une contestation, la règle à suivre est posée d'une manière formelle dans les capitulations et dans nos lois.

Les tribunaux consulaires français sont seuls compétents, à l'exclusion de tous tribunaux locaux et des autorités administratives ou judiciaires du pays.

Le principe en lui même de la compétence consulaire en pareil cas n'est pas contraire au droit des gens et au respect dû à la souveraineté territoriale, en tant que son application est restreinte dans de certaines limites et que l'autorité des Consuls ne se manifeste pas par une juridiction coactive. Aussi le voyons-nous reconnu dans plusieurs traités. (1)

Mais si le principe est consacré dans des limites restreintes par des conventions conclues entre les nations chrétiennes, au contraire, dans les pays hors de la chrétienté, il est posé dans les termes les plus absolus.

L'article 3 des capitulations françaises de 1535 est ainsi conçu :

« . . . . . Non que les cadis ou autres officiers du Grand Seigneur puissent juger aucun différend desdits marchands et sujets du roi (de France), encore que lesdits le requissent et si d'aventure lesdits cadis jugeassent que leur sentence soit de nul effet. »

Art. 12 du traité de 1569 : « Si lesdits Français ont débats ou

(1) Parmi ces traités on peut citer ceux du 11 janvier 1847, art. 7, entre la France et la Russie, de 1782, entre la Russie et le Danemark; de novembre 1788, art. 12 entre la France et les Etats-Unis; de 1665 et 1667 entre l'Espagne et la Grande-Bretagne; de 1827, entre les Etats-Unis et la Prusse; de 1816, entre les Etats-Unis et la Suède; dans le même sens, notre ordonnance du 4 janvier 1718.

« différends l'un avec l'autre, leurs ambassadeurs et consuls, selon « leur conscience, décideront lesdits différends sans que nul n'ait « à les empêcher. »

Cet article est textuellement reproduit sous le n. 17 du traité de 1581.

Les articles 35 du traité de 1604 et 37 du traité de 1673 sont ainsi conçus :

« S'il naît quelque contestation et quelque différend entre deux « Français, que l'ambassadeur ou consul aient à le terminer, sans « que nos juges et officiers les en empêchent et en prennent au- « cune connaissance. »

Art. 26 du traité de 1740 : « ..... et s'il arrive quelque con- « testation entre les Français, les ambassadeurs et les consuls « en prendront connaissance et en décideront sans que personne « puisse s'y opposer. »

Des stipulations pareilles se retrouvent dans les traités entre la Porte et les autres Puissances (1).

Tous ces traités sont applicables à l'Égypte ; c'est là une observation que nous ne reproduirons pas dans le cour de cet Exposé et qui se fonde sur ce fait que la Porte stipulait pour les pays placés sous sa domination, et surtout pour les provinces de l'Empire Ottoman.

Dans le Firman d'investiture envoyé par le Sultan à Mehemet-Ali, à la date du 1er juin 1841, il est dit : « Je vous accorde par « les présentes le gouvernement de l'Égypte..... aux conditions « suivantes..... Tous les traités existant ou à intervenir entre la « Sublime Porte et les Puissances amies recevront également leur « exécution sous tous les rapports dans la province d'Égypte... »

Mehemet-Ali répondait le 25 juin 1841 au Grand Vizir : « ..... Les dispositions de tous les traités conclus ou à conclure « avec les Puissances amies seront complétement exécutées en « Égypte... »

Les Firmans postérieurs n'ont pas détruit cette situation en ce qui concerne les capitulations, que le Gouvernement Égyptien

(1) Traité avec l'Autriche, 27 juillet 1818, art. 5 ; Belgique, 3 août 1838, art. 8 ; Danemark, 14 octobre 1756, art. 1 ; Deux-Siciles, 7 avril 1840, art. 5 ; Espagne, 14 septembre 1782, art. 5 ; Etats-Unis, 7 mai 1830, art. 4 ; Grande-Bretagne, septembre 1675, art. 15, 24 et 54 ; Pays-Bas, juillet 1612, art. 28 ; Prusse, 22 mars 1761, art. 5 ; Russie, 10 juin 1763, art. 63 ; Sardaigne, 25 octobre 1823, art. 8 ; Suède, 10 janvier 1737, article 6 ; Toscane, 12 février 1833, article 6 ; Venise, 21 juillet 1718, art. 18.

accepte complétement, puisque dans sa Note il se prévaut lui-même de ces stipulations et se plaint de ce qu'elles ne seraient point assez rigoureusement observées.

Les concessions que la Porte faisait ainsi aux étrangers au point de vue des juridictions, elle les faisait même à ses propres sujets appartenant aux diverses communautés chrétiennes ou à la nation juive ; ce qui prouve combien la nécessité de pareilles dispositions était dans la force des choses et indiquée par les situations elles-mêmes. On les retrouve dans les actes les plus solennels et les plus récents, entre autres dans le Hatti-Chérif de 1856 et dans les projets d'organisation de juin 1867.

Les stipulations des traités entre la France et la Porte ont servi de base à divers actes de la législation française, et notamment, en matière civile, aux édits de 1720, du 4 février 1727, de mars 1781, et surtout dans celui de juin 1778, qui détermine la procédure à suivre devant les tribunaux consulaires statuant sur les contestations entre Français dans le ressort des Consulats. L'article 2 de cet édit fait très-expresses inhibitions et défenses à tout Français en pays étranger d'y traduire, pour quelque cause que ce puisse être, un autre Français devant les juges ou autres officiers des puissances étrangères, à peine de 1,500 livres d'amende (1).

A l'étranger, des législations spéciales ont été également promulguées dans divers États pour mettre en pratique l'attribution de juridiction donnée aux Consuls sur leurs nationaux (2).

Les mêmes situations ont amené les mêmes stipulations dans les traités conclus par la France avec la Perse, Siam, la Chine, le Japon et l'Imamat de Mascate (3).

La pratique est aussi constante que les textes sont formels. Dans aucune Échelle du Levant ou de Barbarie, on n'a contesté aux Consuls le droit de connaître des différends qui naissaient

(1) La défense faite aux Français du Levant de traduire leurs nationaux devant les juges ou officiers des puissances étrangères est encore en vigueur. La Cour d'Aix, statuant sur appel d'une sentence consulaire, par son arrêt du 7 septembre 1844, a condamné à 1,500 livres d'amende le nommé Artu, pour avoir cité un autre Français devant les autorités ottomanes de Kutalés. L'instruction générale du 8 août 1814 recommande aux Consuls de veiller à ce qu'il n'y soit pas contrevenu.

(2) Entre autres : loi sarde de 1858 ; loi belge de 1851 ; les « Orders in Council » de la Grande-Bretagne des 23 janvier 1863 et 30 novembre 1864.

(3) Traités de 1844 avec la Perse ; du 24 septembre 1844 avec la Chine ; du 17 novembre 1844 avec l'Iman de Mascate ; du 15 août 1856 avec Siam, du 9 octobre 1857 avec le Japon ; du 17 juin 1858 avec la Chine.

entre leurs nationaux, et une jurisprudence persistante de la Cour d'Aix, dont il nous paraît inutile de rapporter ici les monuments, a reconnu aux tribunaux consulaires la juridiction la plus étendue dans les matières commerciales, comme dans les matières civiles, sans en excepter les questions d'état (1).

Nous devons indiquer que les attributions des Consulats pour le jugement des différends qui naissent entre leurs nationaux ne sont pas directement attaquées aujourd'hui par le gouvernement Égyptien, et nous sommes heureux de signaler à Votre Excellence que les documents produits et l'enquête constatent d'une manière unanime que la justice consulaire française est rendue en Égypte avec célérité, impartialité, avec une parfaite connaissance et une juste application des lois. L'appel, au surplus, pour les causes qui présentent de l'importance est porté devant les tribunaux de la métropole, et la justice ordinaire du pays donne satisfaction aux susceptibilités même les plus exagérées des plaideurs. La distance où sont les tribunaux de France pouvait bien, autrefois, gêner les justiciables dans l'exercice de leur recours, mais la rapidité et la régularité des communications a fait disparaître en grande partie cet inconvénient.

Quelques modifications ont été apportées à la composition de certains tribunaux consulaires français, à la suite des travaux d'une Commission spéciale; mais elles n'ont que des rapports éloignés avec les questions qui doivent nous occuper et ne pouvaient faire l'objet de notre appréciation. Ces modifications, au surplus, ont été restreintes dans de sages limites, de manière à éviter les conflits que les changements plus radicaux introduits par le Gouvernement Britannique avaient fait naître à Constantinople entre la Cour consulaire et l'Ambassade, ainsi qu'entre le Gouvernement Anglais et la Porte elle-même.

Pour nous résumer sur le premier point : Dans les différends entre Français, compétence exclusive des Consulats d'après les traités, d'après les lois françaises, d'après les usages et la pratique; unanimité dans les documents et dans l'enquête pour approuver cet état de choses que tout le monde accepte, dont on réclame vivement le maintien et dont la modification, en l'état, n'est pas même demandée par la Note égyptienne.

(1) Sur ce dernier point seulement : Aix, 17 avril 1832, 19 octobre 1846, 20 mars et 17 juin 1862.

§ 2. — *Contestations entre Européens de nationalités différentes.*

Les capitulations définissent d'une manière très-nette, par rapport à la justice du pays, la situation des Européens de nationalités différentes qui ont des démêlés entre eux.

L'article 52 du traité de 1740 est ainsi conçu : « S'il arrive que « les Consuls et les négociants français aient quelques contesta« tions avec les Consuls et les négociants d'une autre nation « chrétienne, il leur sera permis, du consentement et à la réqui« sition des parties, de se pourvoir par-devant leurs Ambassa« deurs qui résident à ma Sublime-Porte, et tant que le deman« deur et le défendeur ne consentiront pas à porter ces sortes de « procès par-devant les pachas, cadis, officiers ou douaniers, « ceux-ci ne pourront pas les y forcer, ni prétendre en prendre « connaissance (1). »

Des stipulations de même nature se trouvent dans les capitulations réglant les rapports de la Porte avec les autres Puissances européennes. L'article 58 du traité avec la Russie, du 10-21 juin 1783, est ainsi conçu : « Les Consuls et commerçants russes, se « trouvant en litige avec des Consuls et négociants d'une autre « nation chrétienne, peuvent justifier auprès du Ministre russe « accrédité à la Porte, si les deux parties litigieuses y consentent. « Et si elles ne veulent point que leur procès soit informé par « les pachas, les cadis, les officiers et par les inspecteurs des « douanes de la Porte, alors ceux-ci ne pourront pas les y obliger, « ni s'ingérer aucunement dans leurs affaires, sans le consente« ment de toutes les parties en litige. »

L'exclusion de la justice du pays, sauf le cas où toutes les parties en cause l'accepteraient, est donc formellement prononcée par les capitulations, et le jugement des contestations est réservé aux ambassadeurs résidant à la Sublime-Porte.

Sur l'exclusion de la justice turque il ne pouvait se présenter de difficulté, et dans la pratique on ne nous a pas signalé, pour l'Égypte, de cas où les parties aient usé de la faculté qu'on leur réservait d'y recourir d'un commun accord.

Mais l'exécution de la réserve stipulée au profit de l'autorité européenne devait se traduire sous des formes diverses dans les

(1) Ce cas ne pouvait être prévu par les premières capitulations. Dans les temps les plus anciens, les Européens ne peuvent pénétrer dans l'empire Ottoman que sous la bannière de France. (Acte additionnel, en date du 20 avril 1607, aux lettres patentes du 20 mai 1604). Les étrangers, vis-à-vis de la Porte, étaient tous des Français ou protégés de France.

(*Documents diplomatiques.*)

différentes Échelles, les ambassadeurs ne pouvant exercer directement et personnellement le droit de justice qui leur était réservé.

De là divers usages.

A Constantinople on commence par créer des tribunaux mixtes, composés exclusivement d'Européens, désignés par les ambassadeurs en dehors de toute action de l'autorité locale.

Puis, en 1820, les Légations, par une convention verbale, substituent aux tribunaux mixtes des Commissions judiciaires mixtes.

Ces Commissions, créées pour chaque affaire, en prenant pour base la maxime du droit romain admise par la législation de toutes les Puissances chrétiennes, *actor sequitur forum rei*, étaient composées de trois membres, l'un d'eux désigné par la législation du demandeur, les deux autres par la législation du défendeur.

Elles prononçaient, en premier ressort et à la pluralité des voix, sur les actions civiles et commerciales portées devant elles; leurs sentences étaient homologuées par le tribunal de la législation du défendeur, qui était chargé de pourvoir à leur exécution.

L'appel formé, soit par le demandeur, soit par le défendeur primitifs, devait être porté devant le tribunal compétent pour connaître en dernier ressort des sentences rendues par les juges consulaires de l'appelant.

Ces Commissions, directement constituées par ceux auxquels les capitulations laissaient le règlement des difficultés qui leur étaient déférées, ont fonctionné pendant de longues années. La législation anglaise règle même les formalités à remplir par les Anglais appelés devant elles (1). Un arrêt de la Cour d'Aix, du 28 novembre 1864, réformant une décision du tribunal de l'ambassade de France à Constantinople, a contesté, il est vrai, leur légalité, tout en reconnaissant « que cette pratique était sage en « elle-même, basée sur l'intérêt des justiciables et généralement « acceptée. »

En Égypte la règle *actor sequitur forum rei* avait été également acceptée, mais elle avait été plus largement et plus directement suivie dans les contestations entre Européens de nationalités différentes. Tout demandeur devait porter, en pareil cas, la connaissance du litige au tribunal consulaire du défendeur.

Cette pratique, fondée sur une règle de droit généralement admise, devait s'établir d'autant plus sûrement que, grâce à son application, le juge ne fuyait pas devant le demandeur, le défendeur ne pouvant décliner la compétence de son propre tribunal. D'un autre côté, les plaideurs n'engagent pas des procès seulement

(1) « Order in Council du 23 janvier 1863, art. 218, 237. »

pour faire reconnaître leurs droits, mais encore pour avoir une sanction de cette reconnaissance, pour obtenir un titre exécutoire avec lequel ils puissent vaincre la mauvaise foi ou le mauvais vouloir de leurs adversaires. Or le demandeur qui obtenait du tribunal du défendeur une condamnation contre celui-ci obtenait en même temps le droit et la possibilité de poursuivre l'exécution de cette sentence et pouvait compter, pour assurer cette exécution, sur l'autorité dont elle émanait. Aussi cette règle, invariablement suivie en Égypte, a-t-elle trouvé de nombreuses applications dans les autres Échelles (1).

Cette pratique présente dans certains cas des inconvénients sérieux.

Les contractants, au moment où ils traitent, ne peuvent prévoir à quelle juridiction ils seront soumis, et la qualité de demandeur au lieu de la qualité de défendeur que les circonstances leur imposent les conduit parfois devant un tribunal où les règles de procéder et la législation même peuvent ne pas leur présenter toutes les garanties désirables.

Certains tribunaux consulaires étrangers, d'ailleurs, semblent donner lieu à quelques critiques au point de vue de l'administration de la justice.

L'application rigoureuse de la règle *actor sequitur forum rei* fait que le défendeur ne peut former des demandes reconventionnelles devant le tribunal où il est attaqué; il est obligé de limiter sa défense, de subir parfois une condamnation et d'intenter un procès devant une autre juridiction. Cette situation est d'autant plus

(1) Cette application se justifie par de nombreux arrêts de la Cour d'Aix rendus dans des affaires où le Français avait été cité devant le tribunal consulaire français par l'étranger demandeur. Parmi ces arrêts on peut citer les suivants : 28 décembre 1858 et 23 novembre 1859, Florio, Autrichien contre Tourniaire, sur l'appel de Constantinople ; 16 mai 1859, Petit, Prussien, contre Barbarous, appel du Caire ; 24 mai 1859, Volheim, Prussien, contre Picciotto, appel de Beyrouth ; 9 juillet 1859, Aperghi, Napolitain, contre Belhone, appel de Constantinople ; 24 mai 1860, Popolani, Anglais, contre de Bourville, appel du Caire, 3 décembre 1863, Martola, Italien, contre Brenner, appel de Galatz ; 11 mai 1864, Kiriacopolo, Grec, contre Zizinia, consul belge, Français, appel d'Alexandrie, etc., etc. On a quelquefois cité un arrêt d'Aix du 28 juillet 1855, Tedeschi, Français, contre Kohn, Prussien, comme ayant jugé que les tribunaux consulaires français ne pouvaient connaître des contestations portées devant eux par des étrangers, contre des Français ; la citation est inexacte, c'est l'inverse qui est jugé par l'arrêt ; il décide que Tedeschi, protégé français, n'a pu citer devant le tribunal français, Kohn, protégé Prussien.

fâcheuse pour nos nationaux que, d'après l'édit de 1778, les tribunaux consulaires français prononcent l'exécution provisoire de leur jugement et que l'action reconventionnelle, portée plus tard devant un autre tribunal, avec des pertes de temps et d'argent, alors même qu'elle réussit, peut rester sans effet.

Les inconvénients sont bien plus nombreux s'il y a plusieurs défendeurs, il faut faire autant de procès que l'on a d'adversaires appartenant à des nationalités différentes ; de là des frais nombreux, du temps perdu, parfois des contrariétés.

La Commission aura l'honneur de signaler à Votre Excellence comment, si la Note égyptienne donnait lieu à une entente entre les divers Gouvernements, on pourrait faire disparaître presque tous ces inconvénients en adoptant la validité de la clause compromissoire au sujet des juridictions. Ici, d'ailleurs, nous devons constater que le remède à ces maux ne saurait venir de l'abandon des droits que les Européens tiennent des capitulations et des usages ; malgré les inconvénients de l'état de choses actuel, ils n'ont jamais profité de la faculté que leur donnent les traités de porter leurs différends devant les juges du pays, et faire de cette faculté une obligation, en abrogeant les traités et renversant les usages, serait, comme l'expérience le prouve, violenter les volontés en aggravant le mal.

§ 3. *Contestations entre Européens et indigènes.*

Pour le règlement des difficultés qui peuvent s'élever, dans les Échelles, entre les Européens et les indigènes, les capitulations font une distinction suivant que la valeur des procès dépasse ou n'atteint pas une somme généralement fixée à 4,000 aspres (1).

Capitulation de 1740, art. 26 : « si quelqu'un avait un différend « avec un marchand français, et qu'ils se portassent chez le cadi, ce « juge n'écoutera point leur procès, si le drogman français ne se « trouve présent, et, si cet interprète est occupé pour lors à quel- « que affaire pressante, on différera jusqu'à ce qu'il vienne ; mais « aussi les Français s'empresseront de se représenter sans abuser « du prétexte de l'absence du drogman..... »

Art 41. « Les procès excédant 4,000 aspres seront écoutés à mon Divan impérial et non ailleurs. »

Art 69. « Les procès qui les concernent (les Français) excédant

(1) Certains traités portent 3,000 aspres, d'autres 4,000, d'autres 5,000 piastres.

« 4,000 aspres seront renvoyés à ma Sublime Porte, selon l'usage « et conformément aux capitulations impériales. »

C'est la reproduction des capitulations antérieures. (1).

Les mêmes stipulations se retrouvent dans les traités avec les autres Puissances (2).

La règle est claire et bien souvent reproduite. La valeur du procès est-elle de 4,000 aspres ou moindre, le juge local est seul compétent, mais il ne peut juger qu'en présence du drogman. Si la valeur du litige dépasse 4,000 aspres, ce n'est plus devant l'autorité judiciaire locale que le procès doit être porté, mais dans les conseils du Gouvernement Turc, et au siége de ce Gouvernement, c'est-à-dire à Constantinople.

Dans la pratique, l'exécution de cette disposition a présenté bien des variations.

Pendant quelque temps, les difficultés entre Européens et sujets turcs ont été jugées dans les Échelles par un fonctionnaire de la Porte avec des assesseurs choisis par lui parmi les négociants ottomans et étrangers.

La Porte a vainement essayé, à plusieurs reprises, de les soumettre à des juges exclusivement musulmans, en ne voulant admettre devant eux que l'intervention des interprètes des Ambassades. La résistance des Ambassadeurs la força à renoncer à ses projets; les assesseurs européens furent maintenus.

Les tribunaux mixtes de commerce créés en 1839, et qui ont commencé à fonctionner en 1846, sont composés de juges nommés par la Porte et de négociants délégués par leurs Légations ou Consulats; ils jugent les affaires de commerce et quelquefois on leur laisse connaître des affaires civiles réservées en principe aux tribunaux ottomans.

Les affaires du commerce maritime sont portées devant une chambre spéciale, organisée depuis sur les mêmes bases que le tribunal de commerce.

La Porte, pour remédier à l'insuffisance de la justice turque dans les rapports de ses sujets avec les étrangers, et même de ses

(1) Capitulations de 1535, art. 4; de 1569, art. 11; de 1581, art. 16; de 1604, art. 34; de 1673, art. 16 et art. 12 supplémentaires.

(2) Autriche, 1er juillet 1615, art. 10; juin 1617, art. 6; 17 juillet 1718, art. 5; Angleterre, septembre 1675, art. 24 et 69; Suède, 10 janvier 1737, art. 5; Deux-Siciles, 7 avril 1740, art. 5; Danemark, 14 octobre 1776, art. 10; Prusse, 22 mars 1761, art. 5; Espagne, 14 septembre 1782, art. 5; Russie, 10 juin 1783, art. 64 et 66; Sardaigne, 25 octobre 1823, art. 8; Toscane, 12 février 1833, art. 6; Etats-Unis, 7 mai 1838, art. 4; Belgique, 3 août 1838, art. 8; Villes hanséatiques, 18 mai 1839, art. 8.

sujets appartenant à des cultes différents, a fait, à diverses époques, de nombreuses promesses et des tentatives dont l'efficacité n'a pas été constestée dans la la pratique.

Les différends entre rayas qui appartiennent à la même religion ne sont point réglés par les tribunaux ottomans. Depuis la conquête, le droit des rayas d'être jugée par leurs chefs religieux à éte reconnu et conservé. Les parties ont seulement un faculté d'appel devant les cours ottomanes ; mais cette facalté est paralysée par l'engagement que les chefs religieux leur font prendre de s'en rapporter à leur jugement.

Quant à la justice ottomane, elle est ainsi organisée :

Une Cour suprême, instituée en 1840 par Abdul-Medjid;

Au-dessous, deux présidences d'appel, une d'Europe, l'autre d'Asie;

Puis 24 tribunaux sous la présidence des mollas, 126 tribunaux inférieurs ou tribunaux de *cazas* ;

Et enfin le juge de district.

Ces tribunaux interprètent la loi dans son sens civil et religieux tout ensemble, en s'aidant de la collection de décisions publiées, sous le nom de *Multeká*, par Soliman II, et modifiées, en 1824, par Mahmoud.

Le projet d'organisation administrative de juin 1867 apporterait buelque modification à l'ensemble de l'organisation judiciaire que nous venons d'indiquer (1).

En Égypte, dans les procès entre Européens et indigènes, on a accepté la règle suivie pour les procès entre Européens de nations différentes, *actor sequitur forum rei*. Cet usage s'est établi, parce qu'il était impossible, conformément au texte littéral des capitu-

(1) Il a paru utile à la commission de rappeler ici la règle adoptée à Tunis, pour la solution des difficultés entre Européens et indigènes, parce qu'on y retrouve, comme dans les capitulations avec la Porte, l'adoption de ce principe, que le règlement de ces litiges ne doit pas être porté devant le juge local, mais dans les conseils mêmes du gouvernement où devrait être entendu le représentant de la puissance à laquelle appartient l'Européen. Puis, lorsque le nombre des procès augmentant, cette voie devient difficilemeut praticable, ce ne sont point les tribunaux du pays qui sont investis, mais des commissions spéciales. Voici les dispositions des capitulations de Tunis avec la France :

Traité du 9 novembre 1742, art. 16 : « S'il arrive quelque différend entre « un Français et un Turc ou un Maure, il ne pourra être jugé par les juges « ordinaires mais bien par le conseil desdits Dey et Divan, et en présence « dudit Consul. »

Traité de 1802, art. 7: « Les cens aux juifs et autres étrangers résidant

lations de recourir à la Porte, pour tous les procès excédant 4,000 aspres; parce que c'était un moyen, non-seulement d'obtenir des décisions judiciaires, mais encore de trouver une autorité qui en assurerait l'exécution; enfin, parce que, pendant longtemps des tribunaux spéciaux n'ayant pu être constitués en Égypte, comme cela avait lieu à Constantinople, pour juger les procès de cette nature, les Européens n'auraient jamais con senti à comparaître comme défendeurs devant la justice ordinaire du pays.

L'usage constant s'est donc établi en Égypte, entre les Européens et les indigènes, de soumettre leurs différends au tribunal des défendeurs : les rapports de Constantinople, d'Alexandrie, du Caire le constatent d'une manière formelle. La Note égyptienne ne le conteste pas, puisqu'elle le qualifie d'abusif. L'enquête a également établi son existence; les tribunaux français en ont admis la légalité (1).

La répugnance des Européens à aller devant les tribunaux locaux est telle que les Vice-Rois l'ont eux-même respectée. Pour le jugement des procès qu'ils ont eus avec les étrangers, ils ont consenti à créer des Commissions spéciales, en vue desquelles il a été arrêté des règlements particuliers de procédure (2), et même quelquefois à porter leurs différends devant les tribunaux européens (3).

« à Tunis, au service des négociants et autres Français... S'ils ont quelques « différends avec les Maures ou chrétiens du pays, ils se rendront avec leur « partie adverse par devant le commissaire de la République française, où « ils choisiront à leur gré deux négociants maures parmi les plus notables « pour décider de leurs contestations. »

Traité de 1824, art. 14 : « En cas de contestations entre un Français et « un sujet tunisien, pour affaire de commerce, il sera nommé par le consul « général de France des négociants français et un nombre égal de négo- « ciants du pays qui seront choisis par l'*amin* ou toute autre autorité dési- « gnée par Son Exc. le Bey. Si le demandeur est sujet tunisien, il aura le « droit de demander au consul général d'être jugé de cette manière, et si « la commission ne peut terminer la contestation pour cause de dissidence « ou de partage dans les opinions, l'affaire sera portée par-devant S. Exc. « le Dey, pour être prononcé par lui, d'accord avec le consul général de « France, conformément à la justice. »

Voyez encore : « Boyourouldi » de 1861, art. 7.

(1) Arrêts d'Aix, 23 juillet 1859, 11 mai 1864, et autres.

(2) Commission mixte austro-égyptienne; commission mixte helleno-égyptienne, et commission russo-égyptienne.

(3) Entre autres l'affaire Bartolucci, soumise au tribunal consulaire d'Italie, avec appel à Gênes; l'affaire Pacho, portée en appel à Paris devant un

Les tribunaux de commerce d'Alexandrie et du Caire ont été réorganisés par l'acte du 3 septembre 1861 ; ils doivent se composer d'un certain nombre de membres indigènes et européens, appelés à siéger par l'élection. Ils sont placés sous la présidence d'un Égyptien.

Ils sont tribunal d'appel l'un de l'autre ; un greffe est organisé auprès d'eux ; un règlement spécial, en quarante-quatre articles, détermine la procédure qu'on doit y suivre.

D'après les documents soumis à la Commission et les renseignements recueillis dans l'enquête, le fonctionnement de ces tribunaux a soulevé bien des plaintes : l'élément indigène qui y domine, les placerait sous l'influence d'idées systématiquement hostiles aux étrangers. La plupart des juges n'auraient pas les connaissances spéciales nécessaires, manqueraient d'indépendance et se laisseraient souvent guider par des mobiles regrettables. Les règles de procédure ne seraient pas suivies, et les lois que le tribunal a pour mission de faire respecter seraient trop souvent ignorées ou volontairement violées. Le fonctionnement d'une pareille justice serait si irrégulier, que des assesseurs européens, appelés à y siéger par le suffrage de leurs concitoyens, se seraient retirés dans diverses circonstances pour ne pas assumer par leur présence une part de responsabilité dans les sentences injustes que leur imposait la majorité. La surveillance des greffes prescrite par les règlements n'aurait pas lieu, et les greffiers, choisis au hasard sans aucune condition d'études préparatoires, abuseraient d'une manière fâcheuse de l'influence que leur situation leur donne. L'exécution, enfin, des jugements serait confiée à des cavas détachés de la police, ou à d'autres agents sans capacité ni aptitude pour cette mission

L'administration égyptienne, sans accepter tous ces reproches, reconnaît elle-même que ce tribunal, dans sa composition et son fonctionnement, doit recevoir des modifications. Nous n'avons pas à entrer ici dans l'examen des propositions que contient à ce sujet la Note égyptienne. Nous nous bornons à constater l'état des choses, les plaintes qu'il soulève ; nous indiquerons plus tard à Votre Excellence quelles sont, dans l'opinion de la Commission, parmi les réformes proposées, celles qui paraissent les plus propres à conduire l'Égypte dans la voie d'un progrès sérieux et réel.

comité d'avocats : l'affaire Hallag, soumise au Conseil d'Etat du royaume d'Italie ; l'affaire Morpurgo, déférée à la cour d'appel de Trieste.

§ 4 Juridiction en matière criminelle.

L'article 15 du traité de 1740 : « S'il arrivait quelque meurtre « ou quelque autre désordre entre les Français, leurs Ambassa- « deurs et leurs Consuls en décideront selon leurs us et coutumes « sans qu'aucun de nos officiers puisse les inquiéter à cet égard. »

Les mêmes stipulations se retrouvent dans les traités de 1535, article 5; 1569, article 12; 1581, article 17; 1604, article 18.

Art. 65 du traité de 1740 : Si un Français ou un protégé de « France commettait quelque meurtre ou quelque autre crime, et « qu'on voulût que la justice en prît connaissance, les juges de « mon Empire et les officiers ne pourront y procéder qu'en pré- « sence des Ambassadeurs et des Consuls, et de leurs substituts « dans les endroits où ils se trouveront... »

Traité de 1740, article 76 : « Les gouverneurs, commandeurs, « cadis, douaniers, vaïvodes, muteslim, officiers, gens notables du « pays, gens d'affaires et autres ne contreviendront en aucune façon « aux capitulations impériales ; et si, de part et d'autre, on y « contrevient en molestant quelqu'un, soit par paroles, soit par « voies de fait, de même que les Français seront châtiés par leurs « Consuls ou supérieurs, conformément aux capitulations, il sera « aussi donné des ordres, suivant l'existence des cas, pour punir « les sujets de notre Sublime Porte des vexations qu'ils auraient « commises, sur les représentations qui en seraient faites par « l'Ambassadeur et les Consuls, après que le fait aura été bien « avéré. »

L'article 8 du traité suédois du 10 janvier 1737 semble réserver aux Consuls compétence pour le cas spécial où un Suédois aurait contrevenu aux lois, en injuriant qui que ce soit. (1)

Traité du 7 mai 1810 entre la Porte et les États-Unis, article 4 : « ..... Les citoyens des États-Unis d'Amérique, vaquant paisible- « ment à leur commerce, et n'étant ni accusés ni convaincus de « quelque crime ou délit, ne seront pas molestés, et si même ils « avaient commis quelques délits, ils ne seront point arrêtés et

(1) La compétence du consul semble aussi réservée, pour le cas où quelqu'un se plaint de torts reprochés à un Anglais, par l'art. 10 des capitulations anglaises de 1575.

A consulter encore l'art. 6 des capitulations espagnoles du 14 septembre 1782.

« mis en prison par les autorités locales, mais ils seront jugés par « leurs Ministres ou Consuls, et punis suivant leur délit, en ob- « servant sur ce point l'usage établi à l'égard d'autres Francs. »

Traité belge du 3 août 1838 : « ..... Les Belges vaquant honnê- « tement et paisiblement à leurs occupations ou à leur commerce « ne pourront jamais être arrêtés ou molestés par les autorités « locales ; mais en cas de crime ou de délit, l'affaire sera remise « à leur Ministre, Chargé d'affaires, Consul ou Vice-Consul. « Les accusés seront jugés par lui et punis suivant l'usage établi à « l'égard des Francs. »

Traité signé à Londres le 18 mai 1839 entre la Porte et les Villes hanséatiques, article 8 : « ..... Les citoyens hanséatiques vaquant « honnêtement et paisiblement à leurs occupations ou à leur com- « merce ne pourront jamais être arrêtés ni molestés par les au- « torités locales ; mais en cas de crime ou de délit, l'affaire sera « remise à un Ministre, Chargé d'affaires, Consul ou Vice-Consul « le plus voisin du lieu où le délit a été commis, et les accusés « seront jugés par lui selon l'usage établi à l'égard des Francs. »

C'est l'ensemble de ces textes qu'il faut consulter pour appré- cier si les capitulations réservent dans tous les cas juridiction au tribunal de l'accusé, quelle que soit la nationalité de la victime, car, dans la plupart des traités entre la Porte et la France, il est formellement stipulé que la France jouira de toutes les conces- sions, faveurs et privilèges qui pourraient être accordés à la na- tion la plus favorisée. (1)

Les derniers actes sont les plus utiles à consulter, parce que, consentis pour régler les relations actuelles, alors que les préten- tions contraires s'étaient formulées, que les usages s'étaient établis, ils précisent davantage la volonté des parties contrac- tantes.

Le gouvernement français, dans ces derniers temps, n'a pas hésité à stipuler pour ses Consuls le droit de poursuivre contre leurs nationaux, quelle que fut la victime de leurs méfaits, lors- qu'il traitait avec d'autres États hors de la chrétienté. (2)

Les usages ne se manifestent pas dans toutes les parties de l'Empire ottoman avec la même certitude. La poursuite du Fran- çais par l'autorité française a été autorisée même à Constanti-

(1) Cela est dit dans la plupart des traités ; parmi les plus récents, citons l'art. 9 du traité de 1802, l'art. 1 du traité de 1838, l'art. 32 du traité de 1856.

(2) Voir les traités conclus depuis 1844 avec la Perse, Siam, le Japon, la Chine et l'imanat de Mascate.

nople ; elle s'exerce librement à Tunis ; il en est de même en Égypte. (1)

Le rapport de Constantinople joint au dossier fait connaître comment s'exerce l'action répressive dans cette ville lorsque l'Ambassade, ne revendiquant pas le droit de poursuivre, laisse l'autorité turque s'emparer de l'affaire.

Dans les tribunaux inférieurs, à côté des Ottomans, siégent des juges appartenant à diverses communautés. Le drogman assiste à toute l'information, et même au jugement, avec une assez large part d'influence et d'action.

Il n'y a pas de manière uniforme de procéder, mais un ensemble d'usages variant suivant les affaires, les circonstances, le caractère des personnes, les pressions qui sont exercées.

Pour l'Égypte, l'organisation de la justice criminelle n'a pas pu être nettemment indiquée, l'action de la police et de l'administion, même en ces matières, étant fort large et fort puissante. Mais ce qui est hors de doute, c'est qu'il est de nature constante que la poursuite est toujours laissée au Consul du prévenu, quelle que soit la victime. Cet état de choses semble consacré dans le règlement de police de S. A. Saïd-Pacha. L'article 52 porte, sans établir de distinctions : « Le jugement et la punition des crimes « et délits imputés à un étranger, dont la prévention aura été « justifiée par l'instruction préparatoire, seront à la requête du « directeur de la police, poursuivis devant la justice consulaire. »

Art. 55 : « Si un étranger prévenu de crime ou délit, ou con- « travention, ne relève d'aucun consulat, et se trouve par consé- « quent en dehors de toute juridiction étrangère, il sera procédé « à son égard par la justice locale et conformément aux lois du « pays (2). » Cet usage est d'autant plus respectable qu'il ne se

(1) D'une statistique publiée il y a quelque temps dans un discours de rentrée prononcé par M. le procureur général de Gabrielli, alors avocat général à la Cour impériale d'Aix, il résulte que, de 1836 à septembre 1858, dans 24 affaires criminelles, les personnes lésées étaient françaises dans 9 cas, protégées dans 3, étrangères dans 10, musulmanes dans 2. Sur 16 affaires jugées en appel au correctionnel, les personnes lésées étaient françaises dans 8 cas, étrangères dans 3, musulmanes dans 2 ; à la fois musulmanes et françaises dans 2 ; une affaire ne présentait qu'une contravention à la loi, sans préjudi ce dict pour une partie civile.

(2) L'art. 5 de l'arrêté réglementaire du 15 septembre 1863 repose sur la reconnaissance du même principe : il défend aux chasseurs de molester ou insulter des inigènes, et il ajoute que, si de pareils faits venaient à se produire malgré cette défense, on devra avertir l'autorité, qui en avisera les consuls respectifs pour en obtenir la due réparation.

place pas à côté de la loi et des traités pour en paralyser la volonté, mais au contraire au-dessous d'eux pour en assurer l'exécution. Il était nécessaire de le voir adopter dans des matières aussi graves, puisque autrefois, d'après la Note égyptienne, *ces sortes d'affaires se passaient pour ainsi dire en famille*, c'est-à-dire auraient été laissées complétement à l'abitraire.

Cet usage peut-il faire loi dans les relations internationales? Les traités de la Porte avec les États-Unis, la Belgique et les villes hanséatiques, et la loi de 1836 sur la répression des crimes et délits commis dans le Levant repondent suffisamment à cette question (1). Il existe d'ailleurs, d'une manière tellement incontestables, que l'on se plaint des abus qu'elle crée et qu'on lui reproche d'entraîner l'impunité et même de menacer la sûreté publique. On ajoute que certains Consulats manqueraient de fermeté et que, dans les moindres contraventions, leur autorité viendrait paralyser toutes les mesures de police.

Il est impossible de ne pas reconnaître que la situation exceptionnelle où se trouvent l'Égypte et les pays du Levant et de Barbarie permet d'y constater des faits regrettables. Mais il ne faut pas exagérer le mal, et en fermant la porte à certains abus, en créer de plus grands. Il faut se garder, en essayant de prévenir l'impunité par des mesures qui ne donneraient pas la certitude d'obtenir ce résultat, de priver les étrangers des garanties qui leur sont indispensables.

Des circonstances exceptionnelles et transitoires ont amené en Égypte une population étrangère, dont le séjour accidentel ne peut servir de base aux relations durables d'État à État, et dans les faits fâcheux, inévitables avec de pareilles agglomérations d'individus, les victimes sont très-rarement des indigènes.

La plupart des Consuls ont toujours mis le plus grand empressement dans la poursuite des crimes dont la répression appartient en définitive, d'après la législation criminelle de la plupart des États, aux tribunaux de la Métropole, et si certains faits sont restés impunis, la répression confiée à l'autorité égyptienne ne serait pas mieux assurée, à en juger par la manière dont elle use de son pouvoir à l'égard des indigènes.

Les Consulats, au surplus, ont toujours secondé l'action du

(1) Les publicistes s'accordent à placer les rapports entre les pays du Levant et les nations européennes sous l'empire non-seulement des traités, mais encore des usages ; c'est ainsi notamment que Martens, dans son introduction au « Précis du droit des gens » parle du droit des gens conventionnel et coutumier des Turcs.

Gouvernement Égyptien, loin de l'entraver dans l'exercice du pouvoir de police.

Le Règlement général de S. A. Saïd-Pacha a été pris avec le concours des Consuls réunis en conférence avec des fonctionnaires égyptiens désignés par le Vice-Roi.

Il y a quelque temps, le nombre croissant des vagabonds et gens sans aveu ayant inspiré quelques craintes à l'autorité, le Corps consulaire s'est joint au Gouvernement Égyptien pour lui donner les moyens d'expulser ces individus et de vaincre, s'il y avait lieu, les résistances de quelques-uns des agents étrangers.

Les Consulats ont laissé à la police égyptienne toute facilité pour pénétrer dans les lieux publics et y faire des perquisitions et arrestations que nécessiterait le maintien de l'ordre, quelle que fût la nationalité à laquelle appartiendraient les propriétaires de ces cafés, garnis, etc.

Au surplus, la Commission a été frappée de voir l'insistance avec laquelle on demande, dans un Mémoire qui lui a été adressé nde ernier lieu, la réorganisation de la justice criminelle en Égypte, et l'attribution aux tribunaux à créer, dans le pays, du jugement des crimes et délits réservés à la poursuite des Consulats, lorsque le Représentant du Gouvernement Égyptien lui-même, au nom du Vice-Roi, propose que l'on diffère l'examen de ces questions. La Note égyptienne mentionne bien, il est vrai, la réforme de la justice criminelle; mais, dans les explications verbales fournies par Nubar-Pacha, il n'insiste pas sur ce point,et la Commission avait d'autant plus de raisons de croire qu'on avait renoncé à soulever pour le moment ces questions, que dans le double de cette même Note transmise à la Porte par les sujets du Vice-Roi après les développements sur l'organisation de la justice civile, on lit : « Quant aux tribunaux qui connaîtront des délits « entre indigènes et étrangers, l'intention du Vice-Roi est de les « organiser sur la même base; mais il attend de voir d'abord « comment fonctionneront les tribunaux civils et commerciaux, « car l'adoption de ceux-ci facilitera et hâtera l'adoption des « autres. »

N'est-ce point là en effet le parti le plus sage auquel il convenait de s'arrêter ? Cependant, dès maintenant, dans l'intérêt de l'ordre et pour assurer une plus grande liberté d'action et de répression à la police égytienne et au Gouvernement, en matière de contraventions, la Commission a cru devoir soumettre à Votre Excellence quelques propositions qui sont formulées dans la dernière partie de notre rapport.

§ 5. *Exécution*

Les capitulations ont toujours pris grand soin de stipuler que la personne, le domicile et les biens des Français ne pourraient être l'objet d'exécutions que sous la surveillance et avec le concours des autorités consulaires.

Traité de 1740, art. 70 : « Les gens de justice et les officiers de « ma Sublime Porte, de même que les gens d'épée, ne pourront, « sans nécessité, entrer par la force dans une maison habitée par « un Français, et lorsque le cas réquerra d'y entrer, on en aver- « tira l'Ambassadeur ou le Consul dans les endroits ou il y en aura, « et l'on se transportera dans l'endroit en question avec les per- « sonnes qui auront été commises de leur part ; et si quelqu'un « contrevient à cette disposition, il sera châtié. »

L'article 65 des mêmes capitulations exige également la présence des Ambassadeurs, Consuls ou leurs substituts dans le cas où li y a lieu de procéder à des perquisitions ou des recherches chez les Français.

Ces principes ont été sans cesse reconnus par la Porte et dans toutes les Echelles. Nous pourrions citer une foule de documents émanés des autorités musulmanes dans lesquels ils sont formellement posés. Nous les trouvons encore dans le Protocole qui accompagne l'acte du 18 juin 1867, concédant aux étrangers le droit de propriété immobilière dans l'Empire Ottoman. On y dit : « La demeure du sujet étranger est inviolable, conformément aux « traités, et les agents de la force publique ne peuvent y pénétrer « sans l'assistance du Consul ou du délégué du Consul dont relève « cet étranger. »

La Note égyptienne porte : « Les capitulations protégent d'une « manière inviolable le domicile et la personne de l'étranger. Il « n'est pas question de porter atteinte à ce principe ; Votre Altesse « veut même le fortifier... »

La pratique est conforme à cette règle, et toutes les exécutions n'ont lieu qu'avec le concours et sous la surveillance du Consul ou de son délégué.

Cette mesure tutélaire était indispensable pour prévenir des illégalités, et même des excès provenant du fait d'agents subalternes.

Elle était sage et politique, car en amenant le délégué du Consulat sur les lieux, avant les exécutions, elle prévenait des résistances fâcheuses et des réclamations plus ou moins vives, qui auraient pu se produire plus tard par la voie consulaire et diplomatique.

Il paraît difficile de ne pas demander le maintien d'usages fondés sur les traités, les règlements et pleinement justifiés, et de ne pas les maintenir, alors même, comme cela a été au moins allégué, que les refus, non motivés de la part de certains agents, de concourir à l'exécution, auraient paralysé l'effet de titres ou de sentences emportant droit d'exécuter. Abolir la règle sans faire disparaître les inconvénients qu'un pareil mauvais vouloir peut entraîner donnerait lieu à des abus et à des difficultés pratiques encore plus graves.

Toutefois, si les tribunaux des pays auxquels seraient déférées des contestations entre Européens et indigènes venaient à être constitués sur des bases convenues entre le Gouvernement français et le Gouvernement égyptien, le Consul invité à prêter son concours à la personne qui aurait intérêt à poursuivre l'exécution du jugement, devrait le donner sans pouvoir opposer de *veto* à cette exécution, et en se bornant à s'assurer qu'on y procède par les voies légales.

La Commission croit devoir constater que, dans plusieurs rapports et plusieurs dépositions, on lui a signalé qu'en Égypte, si on avait à se plaindre de la justice, on avait encore plus à regretter l'impossibilité où l'on est de faire exécuter ses sentences.

§ 6. — *Législation*

Avant de constituer des tribunaux, de s'occuper de l'organisation judiciaire destinée à appliquer les lois, ou tout au moins en même temps qu'on pourvoit à ces nécessités, il faut que la législation elle-même soit fixée.

La Porte a essayé de remplir cette obligation en faisant traduire une partie des lois françaises, espérant donner ainsi satisfaction à la majeure partie de la colonie étrangère, qui, d'après les usages, suit ces lois. Elle s'est bornée à introduire dans nos textes des modifications que lui indiquaient des usages, quelques autres lois européennes, et sur certains points le droit musulman lui-même.

C'est ainsi qu'a été composé le Code pénal publié en 1856; c'est celui qui s'écarte le plus de nos lois.

Le Code de commerce, le Code de commerce maritime, l'Appendice du Code de commerce, le Code de procédure commerciale, publiés de 1850 à 1854, se rapprochent au contraire beaucoup des Codes français.

En Égypte, la législation française en matière commerciale, et même en matière civile, est assez généralement suivie. Cela est constaté par la Note égyptienne, comme par les rapports consulaires, et l'existence de cet usage se trouve établie dans des documents judiciaires (arrêt d'Aix, 24 mai 1850) et dans des actes du Gouvernement égyptien (art. 41 du règlement sur la réorganisation des tribunaux de commerce).

Bien que notre législation semble acceptée en principe, dans l'application il se présente cependant des difficultés, et devant certains Consulats, spécialement devant les tribunaux consulaires anglais, on refuse de s'y sonmettre.

Il serait cependant utile que, par suite d'accord entre les Gouvernements dans les relations entre Européens et indigènes, une règle certaine pût être adoptée.

Pour les matières civiles, au surplus, ces essais de codification n'existent pas.

Un corps de lois à l'usage des Européens établis dans le Levant, destiné à servir de base au règlement des contestations qui pourraient s'élever entre personnes appartenant à diverses nationalités, ou entre Européens et Indigènes, ne pourrait être adopté sans le concours ou tout au moins l'assentiment des Gouvernements de ceux qui doivent y être soumis.

Si l'on admettait le principe contraire, on pourrait bien ne pas le regretter tant que le gouvernement égyptien se bornerait à traduire les Codes en vigueur dans la plupart des États de l'Europe; mais à quelles conséquences ne serait-on pas conduit si, au contraire, son choix portait sur des législalions opposées aux usages généraux, établies sous l'influence des lois religieuses ou sous toute autre pression qui en rendrait l'application impossible?

Au surplus, la Note égyptienne n'a pas d'autre but sur ce point que de demander qu'une commission, composée d'Européens et de délégués du gouvernement égyptien, soit chargée de ce travail, qui formerait en Égypte le droit commun entre Européens et Indigènes.

Ce projet est adopté par plusieurs puissances, notamment par les gouvernements anglais et italien.

Seulement, tandis que la Note égyptienne propose de composer cette Commission exclusivement de jurisconsultes, la dépêche anglaise voudrait y faire entrer avec raison des Représentants politiques des nations étrangères, et dans ces documents communiqués à la Commission, on désirerait y voir introduire l'élément commercial lui-même, représenté par des chefs d'anciennes maisons de commerce établies en Égypte.

7. — *Opinions émises dans le congrès de Paris sur l'exercice du droit de juridiction.*

Nous venons d'indiquer quelle est, d'après le texte des traités et d'après les usages, la situation des Français en Orient, au point de vue des juridictions. La Commission n'a pas cru qu'il fût nécessaire de déterminer ici les circonstances dans lesquelles sont intervenus ces traités. Ces aperçus historiques, qui nous montreraient l'influence française à l'extérieur dans ses manifestations les plus nobles, les plus généreuses, et à la fois les plus persistantes et les plus salutaires pour l'Europe comme pour l'Orient, pourraient bien servir à apprécier la portée des capitulations; mais les faits sont suffisamment connus, et on est tellement d'accord sur leur appréciation, que la Commission a cru inutile de les rappeler.

Aussi s'est-elle bornée à attirer l'attention de Votre Excellence sur cette éqoque tout à fait rapprochée de nous, où vont se produire les tendances de la Porte à revenir sur ces concessions et à se soustraire à leurs effets, notamment en ce qui concerne les droits de juridiction.

C'est au moment de la réunion du Congrès de Paris que ces tendances s'accentuent davantage. La Turquie, appelée à faire partie du système politique de l'Europe, les manifeste formellement et officiellement.

Le comte de Clarendon venait d'exprimer le désir de voir les puissances contractantes « chercher à s'entendre dans le but de « mettre les rapports de leur commerce et de leur navigation en « harmonie avec la position nouvelle qui serait faite à l'empire « ottoman. »

Cet avis avait été appuyé par M. le comte Walewski, par le comte Cavour et le baron de Manteuffel; le comte de Buol ne s'y était associé qu'avec une très-grande réserve.

Le protocole de la séance du 25 mars 1856 s'exprime ainsi :

« Ali-pacha attribue toutes les difficultés qui entravent les re-« lations commerciales de la Turquie et l'action du Gouvernement « ottoman à des stipulations qui ont fait leur temps. Il entre dans « des détails tendant à établir que les priviléges acquis par les

« capitulations aux Européens nuisent à leur propre sécurité et « au développement de leurs transactions, en limitant l'intervention « tion de l'administration locale ; que la juridiction dont les agents « étrangers couvrent leurs nationaux constituent une multiplicité « de gouvernements dans le gouvernement, et, par conséquent, « un obstacle infranchissable à toutes les améliorations.

« M. le baron de Bourqueney, et les autres plénipotentiaires « avec lui, reconnaissent que les capitulations répondent à une « situation à laquelle le traité de paix tendra nécessairement à « mettre fin, et que les priviléges qu'elles stipulent pour les per- « sonnes circonscrivent l'autorité de la Porte dans des limites re- « grettables ; qu'il y a lieu d'aviser à des tempéraments propres « à tout concilier, mais qu'il n'est pas moins important de les « proportionner aux réformes que la Turquie introduit dans son « administration, de manière à combiner les garanties nécessaires « aux étrangers avec celles qui naîtront des mesures dont la Porte « poursuit l'application.

« Ces explications échangées, MM. les Plénipotentiaires recon- « naissent unanimement la nécessité de réviser les stipulations « qui fixent les rapports commerciaux de la Porte avec les autres « Puissances, ainsi que les conditions des étrangers résidant en « Turquie, et ils décident de consigner au présent protocole le « vœu qu'une délibération soit ouverte à Constantinople, après la « conclusion de la paix, entre la Porte et les Représentants des « autres Puissances contractantes, pour atteindre ce double but « dans une mesure propre à donner satisfaction à tous les intérêts « légitimes. »

Si les espérances que pouvaient donner à la Turquie les dispositions bienveillantes des Représentants des Puissances européennes ont pu être partiellement réalisées en ce qui concerne les rapports commerciaux de la Porte avec ces Puissances, l'impossibilité de modifier la condition des étrangers, sans porter atteinte à leur sûreté personnelle et à la garantie à laquelle ils ont droit pour leurs biens, n'a pas permis de leur donner une plus ample satisfaction.

Depuis, la Porte a conclu de nombreux traités aux dates suivantes : 29 avril 1861 avec la France ; 29 avril 1861, avec la Grande-Bretagne ; 10 juillet 1861, avec l'Italie ; 22 janvier 1862, avec les Etats-Unis ; 20 mars 1862, avec la Prusse et le Zollverein ; et l'article 1er de ces traités porte invariablement : « Tous les « droits, priviléges et immunités qui ont été conférés aux sujets et « aux bâtiments de (la Puissance contractante) par les capitula- « tions et traités existants sont confirmés maintenant et pour tou-

« jours (1), à l'exception des clauses desdites capitulations que le « présent Traité a pour objet de modifier. » Or, dans ces dernières clauses, il n'en est aucune qui concerne la juridiction.

§ 8. *Propositions du gouvernement égyptien.*

Les tentatives aujourd'hui faites par l'Egypte ont paru à la Commission avoir le même objet et poursuivre le même but que celles qu'a faites la Porte. On veut, au moyen de certaines combinaisons, et notamment en faisant une assez large part à l'élément européen dans la constitution des tribunaux égyptiens, obtenir de la France, en faveur de l'Égypte, la manifestation d'un retour aux principes de droit public qui régissent les Pays de chrétienté.

Dans l'appréciation que la Commission aura à faire des propositions égyptiennes, nous aurons lieu de les reproduire successivement : il a paru cependant utile à la Commission de les indiquer ici dans leur ensemble.

La note égyptienne présentée sous la forme d'un rapport à S. A. le Vice-Roi par son Ministre des affaires étrangères, S. E. Nubar-pacha, développe deux ordres d'idées : elle signale des abus et des inconvénients, que, d'après elle, présenterait l'état de choses actuel ; elle indique sous forme de propositions les moyens qu'elle croit les plus efficaces pour y remédier.

Les plaintes peuvent se résumer ainsi :

Les capitulations ne sont pas suivies ; elles ont été remplacées par une législation coutumière et par des usages fondés sur des abus.

L'indigène demandeur ou défendeur ne peut obtenir justice, et il est, en définitive, dépouillé, notamment à la suite des contrats de location.

Le Gouvernement égyptien lui-même a dû subir des procès scandaleux, qui l'ont mis dans le cas de payer, depuis quatre ans, 92 millions d'indemnité.

« La manière dont la justice s'exerce tend à démoraliser le pays, « et l'Arabe, forcé de voir l'Europe à travers l'Européen qui l'ex-

(1) Wheaton, dans son travail sur le droit international, insiste sur ces mots « now and for ever » qui se trouvent également dans le traité américain du 26 février 1862, comme manifestant l'intention formelle pour les contractants de maintenir pour longtemps encore des concessions que la situation des étrangers en Orient rendait indispensable.

« ploite, répugne au progrès de l'Occident et accuse le Vice-Roi et « son Gouvernement de faiblesse et d'erreur. »

Pour les crimes, les délits, et même les simples contraventions, la justice se trouve complétement abandonnée, non aux institutions, mais à l'arbitraire des individus.

Le remède à apporter à cet état de choses consisterait dans l'organisation d'un bon système de justice qui fût accepté tant par les Égyptiens que par les Européens, en donnant à l'Europe toutes les garanties qu'elle est en droit de demander, même des garanties superflues.

Cette organisation aurait lieu sur les bases suivantes :

Séparer la justice de l'administration et la rendre indépendante du Gouvernement et des Consulats;

Faire entrer dans les tribunaux l'élément européen, et fonder ainsi un système mixte ;

Étendre ce système, qui existe déjà pour les matières commerciales, dans l'Empire ottoman, aux matières civiles et criminelles.

« Précisant davantage, le rapport de Nubar-pacha propose la « conservation des deux tribunaux mixtes de commerce établis au « Caire et à Alexandrie ; mais, au lieu de les composer de trois « membres choisis par les Consuls, parmi les négociants de la Co- « lonie européenne, et de trois membres indigènes que le gouver- « nement appelle à siéger à tour de rôle, le Ministre propose de « le composer de quatre membres seulement : deux que les Con- « suls choisiraient parmi les négociants présentant le plus de « garanties, et pris parmi les plus notables; deux autres que le « Gouvernement choisirait parmi les indigènes que leurs relations « rapprochent le plus des Européens. Ces membres siégeraient à « tour de role : la présidence serait laissée à un Egyptien, mais « on donnerait la vice-présidence à un magistrat choisi en Europe, « et, pour avoir des garanties au sujet de son caractère, il serait « bon de s'adresser au Ministère de Justice. Ce magistrat serait « permanent.

« Au-dessus de ces deux tribunaux, il serait nécessaire d'avoir « un tribunal d'appel siégeant à Alexandrie. Celui-ci serait com- « posé de trois membres égyptiens, choisis parmi les jeunes gens « qui ont fait leurs études en Europe, et de trois autres membres, « magistrats compétents, que son Altesse ferait venir d'Europe, « en s'adressant pour le choix à leurs Gouvernements. Ce tribu- « nal fonctionnerait sous la présidence d'un Égyptien.

« Le tribunal d'appel siégeant à Alexandrie aurait aussi dans « ses attributions la révision des jugements rendus par les tribu- « naux civils. »

Les questions terriennes et de propriété seraient réservées à des tribunaux où n'entrerait pas l'élément étranger.

Les juges ne jouiraient pas de l'inamovibilité au début : ils seraient institués pour cinq ans.

En appliquant au criminel le système proposé pour le règlement des affaires civiles, on constituerait des tribunaux correctionnels mixtes qui constitueraient une sorte de jury, composé mi-partie d'indigènes, mi-partie d'Européens.

L'appel des décisions de ce tribunal serait porté au tribunal suprême d'Alexandrie.

En ce qui concerne la législation, on suivrait en matière commerciale, le Code de commerce français aujourd'hui en vigueur à Constantinople.

Pour la législation civile, le Vice-Roi appellerait en commission des jurisconsultes étrangers, qui, réunis aux légistes égyptiens, combineraient en les conciliant les dispositions du Code Napoléon avec la législation égyptienne et les lois des autres nations européennes.

Cette Commission mettrait en harmonie les lois pénales de l'Égypte avec le Code pénal français.

Entendu par la Commission, le Ministre de S. A. le Vice-Roi a modifié plusieurs des propositions contenues dans sa Note.

L'Egypte consentirait à faire une part plus large à l'élément européen dans la composition des tribunaux, et à lui donner même la majorité ; mais la nomination devrait toujours appartenir au Vice-Roi. Le greffier et les huissiers seraient également choisis parmi les Européens. Le Consul de la nation à laquelle appartiendrait l'Européen en cause pourrait exercer un droit de récusation péremptoire. Le tribunal civil pourrait connaître d'une partie des questions civiles de propriété.

Le Ministre du Vice-Roi a paru s'en rapporter à la fois à sa Note et aux appréciations de la Commission en ce qui concernait l'organisation de la justice criminelle, en insistant toutefois pour que, dès à présent, une action plus large et plus directe fût donnée au Gouvernement égyptien pour réprimer les contraventions et régulariser ainsi le service de la police locale.

La réponse aux reproches formulées dans la Note nous a été présentée par les diverses personnes entendues dans l'enquête, qui assurent qu'on exagère et qu'on généralise trop le mal, et surtout qu'on n'en indique pas la véritable cause. Ce mal tiendrait beaucoup plus aux vices de l'organisation administrative de l'Égypte qu'à l'immixtion des Consuls dans les affaires de leurs nationaux.

Les capitulations ne seraient nullement violées, leur texte comme leur esprit seraient respectés ; seulement, en Égypte, comme dans toutes les Échelles, des usages se seraient établis pour la mise en pratique de leurs dispositions.

Au surplus, ces usages ne sont pas des abus, des actes arbitraires se modifiant avec les changements des chefs de chaque agence; ce sont des usages anciens, généraux, permanents, reconnus par le Gouvernement égyptien dans la pratique et dans divers documents officiels, ayant fait la base des législations promulguées par les nations européennes pour l'application des concessions qu'elles tenaient de la Porte.

L'indigène demandeur obtient justice des tribunaux consulaires français (1) et, s'il y a des Consulats qui exécutent moins rigoureusement et loyalement les traités, ce serait à l'Egypte à réclamer auprès des gouvernements qu'ils représentent, en respectant les droits des nations dont les agents remplissent fidèlement les obligations résultant des traités.

En ce qui concerne spécialement les locations, des abus que la Commission a constatés motiveraient les modifications qu'elle propose; mais les explications échangées dans l'enquête ont établi que, si un grand nombre d'affaires sont restées longtemps sans solution, c'est que, au lieu d'agir en justice, les intéressés se bornent le plus souvent à réclamer auprès des Consuls le payement des loyers, et que ceux-ci n'ont pas le droit de contraindre leurs nationaux à effectuer ces payements sans condamnation préalable.

Ce n'est point une mauvaise administration de la justice qui a mis le Gouvernement égyptien dans le cas de payer près de 92 millions. Rien n'a justifié pour la Commission l'exactitude de ce chiffre; des sommes plus ou moins importantes, dont le total nous est inconnu, paraissent en effet avoir été acquittées, mais les payements ont eu lieu par suite d'engagements pris et de transactions librement consenties par le gouvernement, en dehors de toute action judiciaire. Si dans certaines affaires il s'est montré trop facile, les procès intervenus plus tard prouvent assez que ce

(1) Il résulte, d'un état des jugements rendus au tribunal consulaire de France à Alexandrie dans des causes entre indigènes demandeurs contre Français, que, sur 70 affaires portées devant le tribunal, de janvier 1866 à septembre 1867, les indigènes ont vu leurs demandes accueillies dans 51 affaires, repoussées seulement dans 8. Des mesures préparatoires ayant été ordonnées dans les autres affaires, elles n'avaient pas encore été jugées en septembre 1867.

résultat n'est pas dû à l'organisation judiciaire actuelle des tribunaux étrangers (1).

En ce qui concerne la police, on rappelle les documents que nous avons cités en nous occupant des juridictions criminelles pour établir le concours que l'Egypte reçoit des Consulats étrangers en ces matières.

Les impôts paraissent régulièrement acquittés par les Européens et notamment par les Français, pour les propriétés rurales, même lorsqu'ils ont été doublés par le Gouvernement et lorsque leur perception a été devancée. Pour les propriétés urbaines, il n'en est pas de même, et des documents indiquent que, sur ce point, une réforme serait équitable ; mais il faudrait, d'un autre côté, que l'impôt fût établi sur des bases justes de répartition, qu'il fût également appliqué et qu'il n'eût point pour résultat de soumettre l'Européen à des charges qui mettraient en péril son droit de propriété. Au surplus, cette matière doit rester étrangère à une organisation judiciaire, et s'il y a à faire quelque chose à cet égard, c'est dans l'organisation administrative et financière de l'Égypte qu'il faudrait y pourvoir.

Après avoir rappelé les principales réponses qui ont été faites, dans l'enquête, aux plaintes que renferme la Note égyptienne, la Commission doit faire connaître à Votre Excellence son opinion motivée sur les propositions du Gouvernement égyptien ; mais ce rapport serait incomplet si, auparavant, elle ne soumettait à votre appréciation, d'après les documents et l'enquête, diverses considérations fort graves, relatives à la situation de l'Egypte au point de vue de l'efficacité d'une réforme judiciaire ; car ces considérations et ces faits doivent influer puissamment sur les déterminations, justifier bien des hésitations et prescrire une sage et prudente réserve.

§ 9. — *Situation de l'Égypte au point de vue de la possibilité et de l'efficacité des réformes proposées.*

D'après un grand nombre de documents et la plupart des dépositions recueillies dans l'enquête, l'Égypte serait un pays d'une civilation encore incomplète, où le mélange le plus divers de races, de mœurs, d'habitudes, de croyances religieuses, de situa-

(1) Il est de notoriété publique que les grosses indemnités ont été payées à de riches banquiers ou négociants, dont de hauts fonctionnaires égyptiens étaient les cointéressés, associés ou actionnaires.

tions sociales, rendrait l'uniformité de législation et de justice irréalisable.

Le pouvoir administratif et le pouvoir judiciaire n'y sont point séparés, et, dans la situation actuelle, une distinction entre eux, fût-elle écrite dans le texte des lois, ne passerait pas dans la pratique.

Est-il possible d'établir dans un pays une bonne organisation judiciaire sans une bonne organisation administrative, sans de sages institutions politiques, sans établir l'ordre dans les divers services publics ?

Le Vice-Roi d'Égypte a un pouvoir sans limites. Il n'a d'autre règle que sa volonté, et cette volonté est sans obstacles. Tout plie et se courbe devant elle. Son autorité est tellement puissante et absolue, elle peut s'exercer d'une manière si directe et si arbitraire, qu'il est impossible d'atteindre au fonctionnement satisfaisant d'une justice placée sous une pareille dépendance.

De plus le Vice-Roi est mêlé, à titre privé, à toutes les branches de l'activité sociale. Il possède une partie considérable du sol sur lequel s'exerce sa souveraineté. Il est agriculteur, industriel, commerçant, constructeur, etc. ; à tous ces titres, nombre de plaideurs sont exposés à l'avoir pour adversaire patent ou dissimulé.

Si le caractère personnel du Chef actuel de l'Etat peut réparer des injustices et prévenir des abus, rien ne prémunit suffisamment contre ceux qui pourraient se produire sous ses successeurs, dans le cas où nous abandonnerions les seules garanties que nous donnent les traités, et où nous renoncerions aux concessions de juridiction qui nous ont été faites.

La pression du pouvoir dans les affaires de justice est d'autant plus à craindre, que les plus hauts fonctionnaires se trouvent également mêlés, directement ou indirectement, à la plupart des grandes entreprises qui servent d'aliment au mouvement commercial et agricole du pays.

L'Égyte n'a ni administration régulière ni lois précises. Depuis quelques années, elle voit se succéder des lois et des règlements toujours plus nombreux, mais toujours moins exécutés, parce que le Gouvernement y manque essentiellement d'esprit de suite ; en sorte que l'on ne peut fonder sur ce qui existe, non plus que sur ce qu'on projette, des espérances qui permettent de renoncer à des droits acquis.

Les hommes appelés d'Europe pour diriger temporairement divers services publics ont été le plus souvent réduits à l'inaction et à l'impuissance, et ont dû retirer un concours inutile.

D'un autre côté, les Européens qui se sont établis en Égypte et y ont engagé des capitaux considérables l'ont fait sous la foi de traités et d'usages qui leur offraient des garanties dont on ne saurait les priver.

Modifier ces garanties, les restreindre, serait entraver les transactions entre les Européens et les Indigènes, et replacer l'Égypte dans cet état d'impuissance où elle se trouvait avant que l'élément européen y eût apporté la vie, l'activité et les principes de civilisation.

Les Gouvernements se sont montrés disposés à examiner diplomatiquement les moyens de modifier la condition des étrangers en Turquie ; mais le cabinet de Londres, qui paraîtrait vouloir faire les plus larges concessions, ne consent, en réalité, a entrer dans cette voie que lorsqu'il aura l'assurance de garanties sérieuses et efficaces (1). La plupart des personnes qui connaissent l'Orient et l'Égypte, qui ont habité ces pays dans des conditions diverses, et vu fonctionner les institutions qui les régissent, opposent un *veto* absolu à toute modification aux capitulations et usages ; les plus conciliants témoignent une grande défiance et conseillent une extrême réserve.

A la nouvelle des projets de réforme, une émotion très-vive s'est répandue en Égypte dans toute la Colonie européenne (2), et, pour employer le langage même des dépêches, il y a eu une véritable panique parmi les Européens, et l'inquiétude est allée jusqu'à l'effroi (3).

§ 10. — *Examen des propositions égyptiennes et avis motivé de la commission.*

Il ne nous reste plus qu'à faire connaître les appréciations de la Commission et à indiquer les raisons sur lesquelles elles s'appuient.

(1) La dépêche de lord Stanley au colonel Stanton porte : Les Puissances étrangères ont le droit d'attendre que le nouveau système, quel qu'il soit, qui serait inauguré en Egypte, donne ample sécurité à l'étranger plaidant devant le tribunal égyptien, contre une appréhension quelconque de vénalité, d'ignorance et de fanatisme de ses juges. Elles ont le droit de s'attendre que la loi qui doit être appliquée à l'étranger, demandeur ou défendeur, soit claire et patente à tous.

(2) Rapport du Caire du 7 octobre 1867.

(3) Rapport d'Alexandrie du 9 octobre 1867. Ces mêmes appréhensions se retrouvent dans une note du Président de la Chambre de commerce du Caire, portant la date du 20 octobre 1867, note écrite au nom du commerce européen, sans distinction de nationalités.

Il ne saurait être question de rien changer à la juridiction consulaire, en tant qu'elle statue sur les contestations qui s'élèvent entre Européens de même nation. Cette juridiction n'a donné lieu à aucune plainte.

Le gouvernement égyptien ne songe ni à la contester ni à la restreindre. Ce privilége de juridiction est d'ailleurs garanti, pour la France, par un article de loi formel, qu'il serait nécessaire d'abolir, l'article 2 de l'édit de juin 1778.

Si cet article, déjà cité dans notre rapport, est tombé en désuétude dans les Pays de chrétienté, où le pouvoir des Consuls sur leurs nationaux est très-restreint ou méconnu, il conserve force et vigueur dans le Levant et, ainsi que nous l'avons déjà dit, application en a été faite récemment encore par la cour d'Aix.

L'Égypte ne paraît pas davantage désireuse, quant à présent du moins, d'attirer à elle le jugement des procès qui surviennent entre étrangers de nationalités différentes. La matière étant ici placée sous l'empire de la maxime *actor sequitur forum rei*, l'application de cette maxime, comme on l'a dit plus haut, donne naissance à beaucoup de difficultés et d'inconvénients ; — multiplicité des juridictions déterminée par la présence au procès de plusieurs défendeurs de nations différentes, et pouvant amener une contradiction dans les décisions ; — incertitude de la juridiction elle-même, et, par suite, incertitude des principes sous l'empire desquels le procès sera jugé ; — complication résultant de ce que le juge de la demande principale se trouve incompétent pour connaître de la demande reconventionnelle, etc., etc.

Sans entrer dans l'examen de ces difficultés, qui ne nous sont pas soumises, mais qui ne pouvaient échapper à notre attention, nous pensons qu'il pourrait y être paré, en partie, par l'insertion dans les contrats d'une clause compromissoire déterminant d'avance la juridiction. Il y aurait lieu, alors, de pourvoir à ce que cette clause fût déclarée valide. Nous exprimons donc le vœu que les Puissances s'entendent entre elles en vue de concerter une mesure propre à diminuer le plus possible les inconvénients qui naissent de l'état de choses actuel.

Quant au régime auquel sont soumises les contestations entre indigènes et Européens, il est un point que les détails dans lesquels nous sommes entrés rendent désormais inattaquable et au-dessus de toute controverse, c'est que, si ce régime est susceptible d'amélioration, à quelque point de vue que l'on se place, il n'a rien d'abusif, que la situation qui l'a créé est normale, qu'elle découle de la lettre des traités, de leur esprit ou de la force des choses.

Un autre point dès à présent bien établi, c'est que le mal résultant de cette situation n'est ni ce qu'on le fait, ni là où on veut le voir, et que, si quelqu'un peut s'en plaindre, ce sont moins les indigènes que les étrangers. Sans nier l'efficacité des bonnes institutions, elles auraient peu de prise, on peut le craindre, sur un mal qui tient surtout à l'état des mœurs, l'antagonisme des religions, toutes choses qui échappent à l'action directe des lois.

Enfin, répétons-le, les réformes proposées par le Vice-Roi, si elles ont rencontré quelques rares partisans, sont accueillies avec une défiance extrême et à peu près universelle.

La justice que l'autorité égyptienne a essayé de constituer jusqu'à présent est déplorable. Ainsi qu'il a été dit plus haut, nul européen ne consentirait à plaider devant les tribunaux purement musulmans. Les étrangers ne sont jamais sûrs du sort qui les attend même devant les tribunaux mixtes.

La majorité fût-elle donnée à l'élément européen, du jour où les juges seraient à la discrétion du Souverain, conserveraient-ils leur indépendance? Il ne faut pas oublier qu'ils siégeraient dans un milieu où les fonctionnaires sont, à chaque instant, assaillis par des influences de toute sorte, même les moins avouables. Puis, comment les recruter? Comment s'assurer qu'ils présentent nous ne dirons pas toutes les garanties désirables, mais l'aptitude et la probité qui les rendent acceptables? On offre, il est vrai, de les prendre sur l'indication des Gouvernements étrangers. Si, à cet égard, nous pouvons avoir confiance dans les choix de la plupart des Gouvernements européens, qui répond que les mêmes précautions seront prises partout et en tout temps? Encore est-il bon d'ajouter que ceux qui s'expatrient ne sont pas en général ceux dont les vertus et la situation pourraient le mieux prémunir contre tant de dangers réunis.

Tel est l'écho bien affaibli des préoccupations qui ont surgi au sein de la Colonie européenne, à la nouvelle des négociations entreprises par l'Égypte en vue de constituer un ordre judiciaire. Ses alarmes sont si grandes que, si elle était consultée, on la trouverait manifestement disposée à maintenir le *statu quo*, quelque défectueux que l'aient rendu les procédés de quelques Consulats et surtout la justice locale. Au moins, par l'application de la maxime *actor sequitur forum rei*, est-elle assurée d'obtenir justice toutes les fois que, par les hasards de la procédure, la cause se trouve portée devant un consul soucieux des intérêts de ses nationaux. Et cette justice, les indigènes l'obtiennent aussi bien que les Européens.

Mais il faut convenir que peut-être les Consulats n'offrent pas tous les mêmes garanties. Il en est contre lesquels les plaintes sont unanimes. De là des dénis de justice qui atteignent aussi bien les sujets du Vice-Roi que les résidents étrangers.

Cette considération, jointe à la bienveillance reconnue du gouvernement français envers l'Égypte, ne permettait pas que la proposition du Vice-Roi fût péremptoirement écartée. D'un autre côté, cependant, l'expérience du passé, la connaissance du présent les justes inquiétudes que peut inspirer l'avenir, la sollicitude pour nos nationaux, ce qu'il peut y avoir de fondé dans leurs alarmes, tout doit interdire de les dépouiller, quant à présent, des garanties qui les protégent. Accepter du Gouvernement égyptien ce qui est compatible avec ces garanties, l'aider à marcher dans la voie du progrès sans compromettre la situation de ceux auxquels une protection spéciale est due, tel est le but qu'on doit se proposer, et cela dans l'intérêt de l'Égypte elle-même. Car, du jour où les capitaux européens qui y ont apporté la prospérité n'y trouveraient plus des garanties suffisantes, ils se retireraient, et l'Égypte rentrerait dans l'état où elle était avant que l'Europe y eût développé la civilisation et l'activité.

Aussi devons-nous déclarer tout d'abord qu'il nous a paru impossible de songer à des concessions définitives et générales. Il doit être bien entendu d'ailleurs que tout ce qu'il sera proposé plus bas, sur certains points spéciaux, soit à titre de simple conseil, soit comme condition du consentement à des changements dans l'état actuel, est proposé à titre d'expérience, avec stipulation de retour au passé, si cette expérience ne justifie pas les espérances qu'elle a fait concevoir.

C'est sous l'empire de cette idée qu'ont été examinées les propositions faites au nom du Gouvernement égyptien, et par là on doit entendre celles qui ont été verbalement apportées par Nubar-Pacha au sein de la Commission et spontanément substituées par lui à celles que contenait son Mémoire.

Ces propositions, dont le détail a été donné plus haut, peuvent en ce qui concerne les matières civiles et commerciales, se résumer ainsi :

1° Constituer deux tribunaux civils et deux tribunaux de commerce, l'un au Caire, l'autre à Alexandrie, sur une base mixte, en donnant la majorité aux Européens, avec des magistrats choisis par le Vice-Roi parmi des candidats qui lui seraient indiqués par les Gouvernements européens.

2° Au besoin, ne constituer que deux tribunaux, l'un au Caire, et l'autre à Alexandrie, sur les mêmes données et avec les mêmes éléments, tribunaux qui jugeraient à la fois les matières civiles et commerciales.

3° Dans tous les cas, établir au-dessus d'eux et dans les mêmes conditions, une cour d'appel, à laquelle seraient déférés les jugements rendus en première instance.

4° Devant ces tribunaux, on accorderait aux parties un droit de récusation, et, à ces conditions, toutes les causes entre indigènes et étrangers devraient y être portées, quel que fût le demandeur ou le défendeur, ce qui revient à dire que, pour ce qui les concerne, les Européens renonceraient à l'application de la maxime *actor sequitur forum rei.*

Dans ces propositions, il est certains points qui peuvent être admis sans difficulté : 1° la majorité donnée aux Européens dans la composition des tribunaux, condition essentielle pour que ces tribunaux soient éclairés et impartiaux ; 2° les deux degrés de juridiction, garantie éprouvée de bonne justice; 3° la récusation, dont tout le monde paraît s'accorder à attendre un bon effet.

Il convient également de dire tout de suite que, l'option étant offerte entre quatre tribunaux, deux civils et deux de commerce, et deux tribunaux jugeant à la fois les procès civils et commerciaux, nous estimons que la préférence doit être donnée à la combinaison la plus simple, et que deux tribunaux suffisent.

Quant aux autres parties de la proposition, tant en ce qui concerne la composition du tribunal que sa compétence, elles appellent de notre part les plus sérieuses critiques.

Une des préoccupations du Gouvernement égyptien, en constituant sa justice, paraît être de la dégager autant que possible de l'influence consulaire.

« Pas d'immixtion des Puissances étrangères, » nous a dit Nubar-Pacha, « Justice rendue au nom du Gouvernement, et par des juges nommés par le Gouvernement. »

La susceptibilité que montre le Vice-Roi est légitime et l'honore. Il faut savoir y donner la satisfaction qu'elle comporte dans l'état présent des choses. Que la justice des tribunaux égyptiens soit rendue au nom du Vice-Roi et par des juges qui reçoivent de lui leur investiture, rien de plus naturel; mais vouloir dégager complétement ces tribunaux de tout contact, de tout lien consulaire, il n'y faut pas songer. Ce serait les discréditer dès le premier jour. A tort ou à raison, la justice égyptienne est suspecte aux Européens. Si la Colonie ne pouvait la voir elle-même à l'œuvre, et de près, cette justice, fût-elle rendue par des Européens, serait vite délaissée. Or, quel meilleur moyen de l'approcher peut-elle avoir que d'y participer par l'élection? Notre avis serait, dès lors, qu'au lieu de constituer et de créer des tribunaux nouveaux de toutes pièces, on se servît de ceux qui existent déjà, en les améliorant. Dans ce système, les tribunaux de commerce du Caire et d'Alexandrie fourniraient leur contingent électif dans la personne des notables choisis pour concourir à sa composition. Pour rendre ces tribunaux aptes à juger les matières civiles et, en général, les questions de droit, on y adjoindrait des magistrats européens nommés par le Vice-Roi et dont la présence aurait le double avantage d'assurer la majorité aux Européens et d'y faire pénétrer les lumières juridiques. Il suit de là que, dans notre pensée, les tribunaux de première instance égyptiens devraient se composer de trois éléments : un élément indigène, à la tête duquel figurerait le président ; un élément européen fixe dans la personne des magistrats nommés, et un élément européen électif, recruté dans la Colonie par les procédés employés pour la composition des tribunaux de commerce actuels.

La souveraineté du Vice-Roi n'en serait point amoindrie. En donnant l'investiture aux juges élus, Son Altesse se trouverait dans la même situation que le Chef du gouvernement français à l'égard des tribunaux de commerce de France. Ces juges rempliraient, au surplus, vis-à-vis des Européens en Egypte, le même office que les assesseurs musulmans auprès des tribunaux français d'Algérie dans les causes qui intéressent les indigènes. La garantie qui a paru bonne en Algérie pour les indigènes, ne peut pas être mauvaise pour les étrangers en Égypte.

La cour d'appel devrait être constituée sur la même base, avec un personnel plus nombreux. Mais les juges élus ne nous paraissent pas y être moins nécessaires que les assesseurs qui, dans l'organisation de la justice algérienne, figurent aussi bien en appel qu'en première instance.

Le choix des juges que l'on ferait venir d'Europe a vivement préoccupé la Commission. Ce choix appartient naturellement au Gouvernement égyptien ; mais comment sera-t-il éclairé ? Le soin de le guider dans sa recherche devra-t-il être indifféremment abandonné à tous les Gouvernements qui ont des représentants en Égypte ? On aperçoit tout de suite les abus d'un tel système. D'après ce qui nous a été déclaré, Son Altesse elle-même ne songerait à s'adresser qu'aux six principales puissances européennes. Dans cette hypothèse, on est amené à se demander quel sera le caractère de leur intervention. Il a paru à la Commission qu'elle devait être purement officieuse. Les juges seraient simplement indiqués par les Gouvernements auxquels on doit faire appel. De cette manière, toute ingérence officielle qui pourrait offenser la dignité du Gouvernement égyptien serait évitée, et la surveillance de l'Europe serait suffisamment assurée par la faculté qu'auraient toujours les Puissances de refuser l'autorisation de prendre du service en Égypte à ceux qui ne leur paraîtraient pas dignes d'y rendre la justice.

Une des premières nécessités qui s'imposeraient au tribunal ainsi établi serait la reconstitution et l'organisation d'un greffe, car cette institution est si défectueuse aujourd'hui qu'elle n'existe pour ainsi dire que de nom. Afin de mieux assurer l'action disciplinaire et la surveillance du tribunal, il nous paraît que la nomination du greffier, ainsi que celle des employés du greffe, des huissiers et des interprètes, devraient lui appartenir.

En ce qui concerne la compétence, se désister complétement, en faveur de la justice égyptienne, de l'application de la maxime *actor sequitur forum rei,* dessaisir les Consuls de toutes les causes où figure un indigène, est manifestement impossible. Ce serait semer partout l'alarme et tout compromettre. Cette maxime est, pour les Européens, un bouclier dont il serait aussi dangereux pour l'Égypte que pour eux de les désarmer. Dans la situation présente, la règle suivie ne nous a paru susceptible que de deux exceptions.

La première ne souffre aucune difficulté. Elle consisterait à permettre aux parties, en toute matière, de consentir à être jugées par le tribunal égyptien, ce qui pourrait être fécondé par des clauses compromissoires, dont la validité, par exception au droit commun, serait reconnue.

Il nous a semblé également possible d'attribuer au tribunal égyptien la connaissance, quel que soit le demandeur ou le défendeur, de toutes les contestations entre étrangers et indigènes qui naissent des contrats de bail à loyer ou à ferme.

Cette seconde exception se justifie par des raisons faciles à comprendre. Les difficultés qu'engendrent les baux demandent, en général, à être jugées promptement, et elles souffrent presque toujours de l'obligation d'aller chercher des juges au loin lorsque la partie condamnée veut se prévaloir du droit d'appel. *D'un autre côté, ces procès ne sortent pas d'une limite restreinte. Souvent ils ne roulent que sur une somme minime, et presque jamais ils n'engagent la fortune du plaideur.*

L'attribution de ces procès à la justice égyptienne lui assure une compétence considérable. Il est permis d'espérer qu'elle saura en user de manière à faire cesser les plaintes légitimes des propriétaires.

Quant à la validité, par exception, de la clause compromissoire, elle a un précédent dans la législation qui régit les musulmans en Algérie. (Voir décret du 13 décembre 1866.) Cette clause permettra d'apprécier le degré de confiance qu'inspireront les tribunaux à instituer, puisque évidemment, offrant un moyen d'obtenir une plus prompte et moins coûteuse solution, on se portera vers eux pour peu qu'on en attende une bonne justice.

Ce tribunal demeurera compétent, dans tous les cas, lorsque l'indigène sera défendeur, et sa compétence sera étendue aux affaires civiles que la présence de magistrats et de juristes lui permettront d'apprécier.

Il ne sera fait exception que pour les matières qui doivent être décidées par application de la loi religieuse à l'égard des musulmans, et par les règles du Statut personnel à l'égard des Européens, lesquelles matières continueraient d'être portées aux tribunaux auxquels elles appartiennent, soit par action principale, lorsqu'elles forment l'objet direct du procès; soit incidemment et par exception préjudicielle, lorsqu'elles naissent au cours de l'instance.

L'état des mœurs et des habitudes en Orient ne permet pas que les jugements soient exécutés contre les Européens hors de la présence des Consuls. Mais il sera bien entendu que, se bornant à empêcher que l'Européen soit molesté dans sa personne et dans ses biens, le Consul fera en sorte d'assurer l'exécution de la sentence, et ne pourra l'entraver ni par inertie ni autrement.

Les jugements du tribunal mixte égyptien sont aujourd'hui rendus en arabe. Nous demandons expressément que, dans la nouvelle organisation, ils soient rendus en arabe et en français. Il en résultera des facilités et un moyen de contrôle qui n'est pas inutile.

Le Gouvernement égyptien saura apprécier, sans doute, l'étendue et l'importance des concessions qui lui sont faites.

En effet, d'une part, en raison de leur composition actuelle et de la manière dont ils se recrutent, les tribunaux mixtes ont aujourd'hui un caractère plutôt international qu'égyptien. Les réformes que nous proposons feraient rentrer le tribunal tout entier dans la main du Vice-Roi, puisque, sans cesser d'être désignée par les colonies étrangères, c'est du Vice-Roi que la portion élective des juges tiendrait ses pouvoirs légaux, au moyen de l'investiture.

D'un autre côté, les seules causes portées aujourd'hui devant le tribunal mixte sont celles dans lesquelles l'indigène figure comme défendeur. Il est interdit aux Européens, par leurs Consuls, en conformité des usages, de s'y laisser traduire lorsqu'ils sont défendeurs eux-mêmes. Par les concessions ci-dessus, cette prohibition se trouve levée. Tout défendeur européen qui y consentira ou qui l'aura acceptée d'avance devra se soumettre à la juridiction égyptienne. De plus, c'est à cette juridiction qu'appartiendra exclusivement la connaissance des contestations naissant du contrat de bail, que l'Européen y figure comme demandeur ou comme défendeur.

Enfin, dans l'état actuel, les Consuls se refuseraient à laisser exécuter un jugement émané du tribunal mixte qui condamnerait un Européen. Par les propositions ci-dessus, ce droit de *veto* est abandonné ; si le Consul doit encore concourir à l'exécution, ce n'est qu'afin de mieux l'assurer.

Il y a plus, toutes ces concessions, avons-nous dit, sont provisoires et ne sont faites qu'à titre d'essai. Non-seulement il dépend de l'Égypte qu'elles soient rendues définitives, mais encore elles peuvent devenir le point de départ de concessions nouvelles et plus larges. Que l'expérience que l'on tente réussisse, que les tribunaux égyptiens rendent bonne justice, à coup sûr l'Europe n'hésitera pas à augmenter leur compétence, et à se dessaisir d'une nouvelle part de ses priviléges pour les restituer à un Gouvernement qui aurait fait un aussi heureux usage de son autorité.

Alors aussi pourront être examinées les diverses propositions faites par l'Égypte relativement à la justice criminelle ; car, pour le moment, de son propre aveu, tout ce qui touche au jugement des crimes et délits doit être ajourné. Les explications fournies dans le cours de cet exposé dispensent la Commission d'entrer ici dans des détails ; mais elle tient à constater que l'inconvénient réel qui résulte du morcellement des juridictions a son correctif dans une institution dont il serait à désirer qu'on se servît davantage. Nous voulons parler du tribunal consulaire arbitral, auquel a été conféré le droit d'expulsion contre les étrangers et qui peut toujours remédier, en pareille matière, à l'incurie de certains Consulats.

En dehors de ce point, notre seule préoccupation a dû être de renforcer l'action de la police égyptienne, et, dans ce but, nous n'hésitons pas à conseiller d'attribuer au juge local la connaissance des simples contraventions définies par le Code pénal promulgué en Turquie. Il suffirait de s'y reporter. Le jugement pourrait en être confié à une délégation de deux juges faite par le tribunal, l'un remplissant les fonctions de juge, l'autre de ministère public. Toutefois, comme la plupart des contraventions à réprimer résulteraient d'infractions à des règlements de police locale, il serait indispensable que, préalablement à leur mise en vigueur, ils fussent portés à la connaissance des Consuls par les soins de l'autorité égyptienne.

L'exécution des jugements prononçant peine d'emprisonnement devrait avoir lieu dans les prisons consulaires. Les Consuls conserveraient, en outre, le droit de poursuivre eux-mêmes, devant les tribunaux de leur nation, les infractions qui seraient commises aux arrêtés qu'ils ont le droit de prendre pour la police de leurs nationaux.

Une dernière garantie nous paraît utile à maintenir. Toutes les fois qu'un étranger sera traduit, à quelque titre que ce soit, devant un tribunal égyptien, il pourra se faire assister par le drogman de son Consulat.

Il ne serait pas moins indispensable, afin d'éviter toute équivoque, de déterminer le territoire sur lequel s'étendrait la juridiction de chacun de ces tribunaux du Caire et d'Alexandrie. En dehors de ces territoires et partout où il ne serait pas créé une organisation semblable, il serait déclaré que l'état de choses actuel est maintenu.

Quelque respectable que soit un jugement, quelque utilité qu'il y ait à l'obtenir, il ne vaut que par son exécution ; et c'est cette exécution qui est surtout difficile à obtenir en Orient. Or, c'est précisément le point dont on s'est le moins préoccupé dans les divers projets de réformes. Il serait à souhaiter que l'on déterminât d'une manière précise les diverses voies d'exécution dont les jugements sont susceptibles et les règles qui doivent y présider, en ayant soin qu'elles soient conformes à la fois aux exigences de la localité et aux ménagements qu'elles comportent chez les nations civilisées. Cette réforme serait surtout urgente en matière de baux, et nous la recommandons avec une insistance particulière. Nous estimons même qu'il n'y aurait lieu d'accorder la connaissance des procès en matière de baux à la justice égyptienne qu'autant que ce point spécial aurait été préalablement réglementé.

Enfin, après avoir pourvu au présent, il resterait à assurer l'avenir. Si l'exercice d'une bonne justice suppose une bonne loi, elle ne suppose pas moins une magistrature capable de l'interpréter. Or l'Égypte n'offre aujourd'hui à cet égard qu'un dénûment complet, qu'elle avoue. Fonder des écoles où la science des lois serait enseignée, envoyer des jeunes gens en Europe pour s'y familiariser avec l'étude du droit, préparer ainsi une pépinière où se recruteraient des juges dignes de ce nom, devient obligatoire pour le Gouvernement égyptien, s'il veut réellement rendre viables les institutions qu'il projette. Dans l'état actuel des choses, la plupart des juges indigènes ne figurent dans les prétoires de justice que pour l'honneur du principe. On voudrait pouvoir compter sur leur impartialité ; personne n'a foi en leurs lumières.

§ II. *Résumé de l'avis de la commission.*

Telles sont, M. le Ministre, les opinions auxquelles, après mûr examen, la Commission a cru devoir s'arrêter, et qui lui ont été inspirées autant par l'intérêt bien entendu de l'Égypte que par la sollicitude due à nos nationaux. En voici le résumé :

1° Maintien de la juridiction civile des Consuls sur leurs nationaux.

2° Maintien de la règle adoptée pour le jugement des contestations entre étrangers de nations différentes. Vœu exprimé qu'il soit paré autant que possible aux inconvénients auxquels l'application de cette règle donne lieu, par l'adoption de la clause compromissoire, et que les Gouvernements s'entendent entre eux pour arriver à une mesure qui diminuerait encore le mal.

3° Pour ce qui regarde les procès entre étrangers et indigènes, abandon partiel, au profit de la justice égyptienne, de la maxime *actor sequitur forum rei*, dans la mesure et aux conditions suivantes :

a. Les tribunaux mixtes égyptiens seraient reconstitués de manière à assurer la majorité aux Européens ; dans ce but on y introduirait des juges européens qui seraient nommés par le Vice-Roi, sur la simple désignation de leurs Gouvernements.

Ces tribunaux de première instance se trouveraient ainsi composés de trois éléments : un élément indigène, à la tête duquel figurerait le président ; un élément européen fixe, composé de jurisconsultes, et un élément électif, recruté comme il l'est aujourd'hui.

b. Il serait établi une cour d'appel sur la même base avec un personnel plus nombreux, à laquelle les décisions de première instance pourraient être déférées.

c. L'élément électif recevrait l'investiture du Vice-Roi.

d. Le droit de récusation serait accordé aux plaideurs.

e. Les tribunaux à instituer devraient s'occuper de l'organisation d'un greffe. Les greffiers, ainsi que les employés du greffe, des interprètes et les huissiers seraient nommés par le tribunal et placés sous sa surveillance.

f. Les Consuls seraient appelés à l'exécution des jugements rendus contre les Européens et devraient concourir à cette exécution *g*. Les sentences seraient rédigées en arabe et en français.

h. Faculté pour l'étranger, toutes les fois qu'il figure à un titre quelconque devant un tribunal égyptien, d'être assisté par un drogman de son Consulat.

Dans ces conditions, le tribunal connaîtrait de toutes les affaires civiles et commerciales où l'indigène serait défendeur. Il ne serait fait exception que pour les matières qui ressortissent de la loi religieuse ou du statut personnel.

Le tribunal connaîtrait, en outre, de tous les procès qui lui seraient déférés par les parties, soit qu'elles en convinssent à l'instant même, soit qu'elles eussent d'avance accepté sa juridiction dans une clause compromissoire. On lui attribuerait enfin la connaissance de toutes les questions qui naissent des contrats de bail à ferme et à loyer, quel que fût le demandeur ou le défendeur.

4° Maintien du *statu quo* en matière criminelle pour tout ce qui concerne le jugement des crimes et délits.

5° Attribution exclusive à la justice égyptienne de la poursuite et de la répression des contraventions de simple police, en réservant aux Consuls le droit de poursuivre devant le tribunal de leur nation les infractions commises à leurs propres arrêtés.

6° Détermination du territoire sur lequel s'étendront les juridictions des tribunaux du Caire et d'Alexandrie. En dehors de ce territoire, maintien de ce qui existe.

7° Vœu que l'exécution des jugements soit réglementée, que la législation soit complétée et qu'un système d'étude du droit soit organisé.

8° Enfin, dominant tout ce qui précède, stipulation expresse de la clause résolutoire, c'est-à-dire droit de revenir à l'état de choses actuel, si la nouvelle organisation ne produisait pas les résultats qu'on peut légitimement en attendre.

Veuillez agréez, M. le Ministre, les assurances du respect avec lequel nous avons l'honneur d'être, de Votre Excellence,

les très-humbles et très-obéissants serviteurs,

E. DUVERGIER, *Président de section au Conseil d'État, Président de la Commission;*

C. TISSOT, *Sous-Directeur des travaux politiques au Ministère des Affaires étrangères;*

MAX. OUTREY, *Agent et Consul général de France en Égypte;*

SAUBREUIL, *Procureur général près la Cour impériale d'Amiens;*

FÉRAUD-GIRAUD, *Conseiller à la Cour impériale d'Aix.*

Paris, le 3 décembre 1867.

Le prince de La Tour d'Auvergne, transmettant ses instructions aux commissaires français, par sa dépêche du 6 octobre 1869, reflète la pensée qui avait inspiré la commission : « Telle est, dit-il, la limite qu'on ne peut dépasser sans « compromettre également les intérêts européens en Égypte et l'Égypte elle-même. »

Comment les commissaires qui s'étaient tenus d'abord dans une si grande réserve ont-ils laissé peu à peu dénaturer et dégénérer la discussion qui ne devait et ne pouvait être qu'une enquête ? Nous devons ce malheur à l'arrivée de M. Émile Ollivier au pouvoir. M. Émile Ollivier, avocat-conseil du Khédive, aux appointements de 30,000 fr. par an, devenu ministre, subit, sans doute à son insu, l'ascendant de son puissant client, et, d'un cœur trop léger, se départit de la ligne tracée par ses prédécesseurs.

Pour comprendre les conséquences funestes qu'aura pour la France la réforme projetée, il suffit d'examiner attentivement la situation actuelle des diverses colonies en Égypte, leur population respective, et de déterminer ainsi la part d'influence qui doit logiquement découler de cette comparaison.

Voici, d'après la statistique officielle, le tableau de la population européenne en Égypte :

Grecs	34,600	Espagnols	150
Français	17,000	Russes	127
Italiens	13,906	Belges	110
Autrichiens	6,300	Persans	500
Anglais	6,000	Suédois, Danois, Portugais, Américains, Suisses, etc.	40
Allemands	1,100		
Hollandais	220		

Comme on le voit, les trois colonies les plus nombreuses sont celles de la Grèce, de la France et de l'Italie, qui ont à elles trois, 65,506 nationaux sur un total de 79,483 Européens. Ces trois puissances forment donc à elles seules les quatre cinquièmes de la population européenne. Le dernier cinquième se répartit entre quatorze autres puissances.

L'influence et la prépondérance appartiennent donc de fait à la Grèce, à la France et à l'Italie.

L'Autriche vient ensuite avec 6,300 sujets.

L'Angleterre n'occupe que le cinquième rang avec 6,000 sujets dont la plupart sont des Maltais appartenant au bas commerce et ne pouvant exercer aucune action sur l'esprit général du pays.

L'Allemagne ne compte que 1,100 sujets. Ce n'est que depuis nos malheurs qu'elle cherche à acquérir une influence que ne comporte pas l'importance de sa colonie, et qu'il lui sera difficile d'établir ou de maintenir si nous savons éviter les piéges qu'elle nous fait tendre constamment.

La Hollande, l'Espagne, la Russie, la Belgique, la Suède, le Danemarck, le Portugal et les Etats-Unis se présentent avec un ensemble de 600 sujets à protéger, chiffre insuffisant pour donner une valeur quelconque à leur adhésion.

Comment se fait-il maintenant que le gouvernement égyptien ait amené plusieurs gouvernements à donner leur avis favorable à un projet repoussé par toutes les colonies, comme nous l'établirons tout à l'heure.

Les divers motifs qui ont dicté ces adhésions sont pour les uns, l'indifférence, et pour les autres, le calcul.

Qu'importe la réforme au Danemarck, au Portugal, à la Suède et aux Américains qui, réunis, ont 40 sujets en Egypte. Il est à remarquer cependant que le Danemarck, qui voyait derrière le projet la main de la Prusse, a longtemps hésité à se prononcer.

Quel intérêt peuvent y avoir les Belges qui sont 40, les Espagnols qui sont 150 et les Hollandais qui sont 220. Il est donc naturel que ces puissances qui n'ont pas d'intérêt immédiat dans la question soient disposées à donner une adhésion qui ne peut du reste que leur profiter; car la plupart voient dans la réforme le moyen de développer, par l'envoi de magistrats, leur colonie naissante.

Nous n'avons pas parlé de la Suisse qui ne saurait manquer d'adhérer, car la désignation des magistrats qu'on lui demanderait lui permettrait peut-être d'avoir en Egypte des représentants directs qui lui ont fait défaut jusqu'à ce jour.

La Russie, dont l'avis favorable est dû en partie à l'influence de la Prusse, a fait cependant ses réserves en stipulant le droit de faire cesser l'expérience du jour au lendemain ; son adhésion est loin d'être formelle, elle est assurément subordonnée à l'acceptation unanime des grandes puissances, et elle ne saurait, sans parler de la question politique qui peut à tous moments modifier son attitude, laisser à une autre puissance le soin de protéger les Grecs sans abandonner sa politique traditionnelle.

Quant à l'Allemagne, son désir persistant de miner partout et toujours l'influence française explique son attitude, le chiffre insignifiant de ses nationaux lui laissant d'ailleurs toute liberté d'action à cet égard.

L'Allemagne a donc pris ce projet sous sa haute protection, et ce fait suffirait à lui seul pour expliquer l'adhésion de la plupart des gouvernements. Au surplus, le ton altier de S. Exc. Nubar Pacha en certaines circonstances, sa confiance dans le succès final, nous est l'indice de promesses formelles ou d'engagements pris par le gouvernement allemand. On est donc parfaitement fondé à attribuer le consentement des petites puissances à la pression de la chancellerie prussienne, pression à laquelle leur voisinage immédiat leur défend de se soustraire sans danger pour elles-mêmes.

L'Allemagne a en effet tout à gagner à la réforme, sans laquelle son action est nulle, et dont la réalisation, au contraire, tue l'influence française. L'importance des colonies n'entre plus en ligne de compte, l'Allemagne qui n'a que 1,100 nationaux a autant de juges que la France pour ses 17,000. — En un mot, c'est un nivellement général fait aux dépens de nos intérêts les plus sacrés, de notre prestige et de notre légitime influence.

L'initiative prise par l'Allemagne, en cette circonstance, lui donnera alors le droit de prendre pied et de pénétrer partout ; on la verra peser sur la volonté du souverain, par suite sur les décisions des nouveaux tribunaux et sur la direction générale des affaires.

La mission militaire qu'on va lui demander viendra s'ajouter à tous les éléments de force qu'elle possède, et, peu de temps après, on sera tout étonné de voir l'Egypte complétement inféodée à l'Allemagne, et, forte de son appui, fouler aux pieds les droits des Grecs, des Français et des Italiens, qui sont pourtant les seuls éléments de sa prospérité.

L'Autriche a été longtemps indécise, mais elle devait à cause de son puissant voisin apporter dans cette question de grands ménagements. La circulaire qu'elle vient d'adresser au gouvernement égyptien et dont ce dernier se prévaut auprès des cabinets contient du reste des réserves qu'il est bon de signaler et qui indiquent suffisamment qu'elle cède à regret.

« Nous négocions, dit-elle en substance, avec les autres
« cabinets pour la réforme que vous demandez ; pour
« notre part, nous voulons bien consentir à une expérience
« de cinq années, à la condition que *le Consulat tout entier*
« soit complétement hors d'atteinte de votre gouverne-
« ment, que nous ayons dans la nomination des juges la
« part qui nous est due, et que nous nous réservions le
« droit de faire cesser cet essai à n'importe qu'elle époque
« avant les cinq ans, s'il y avait des abus trop criants. »

Ces réserves qui sont celles de la Russie et devraient tout au moins être celles des Puissances dont les colonies sont en nombre sérieux en Égypte, permettent de juger la réforme au point de vue de sa moralité et de la vitalité qu'on lui croit,

Le Cabinet autrichien commence par excepter de la nouvelle juridiction tout le corps consulaire. Il consent à livrer ses nationaux, leur commerce et leur fortune à la merci des futurs tribunaux, mais il en dispense le Consulat. C'est sans doute par imitation de l'article des nouveaux codes, qui défend aux sujets musulmans de citer un fonctionnaire du gouvernement égyptien devant ces mêmes tribunaux, que l'Autriche a introduit cette restriction analogue. N'y a-t-il pas, d'un autre côté, matière à réflexion, lorsque l'on voit le corps consulaire se mettre d'accord pour livrer les colonies à une juridiction qu'il repousse à l'avance pour lui-même. Cette manière de procéder autorise à croire ce qui se dit, c'est-à-dire qu'il obéit à un intérêt et à des calculs tout à fait matériels en affirmant à ses gouvernements respectifs, la possibilité et l'opportunité du projet. Et puis, que signifie cette réforme que l'on prétend baser sur le progrès et l'égalité devant la justice et qui soulève déjà tant d'exceptions. On comprendrait cette distinction, si les consuls appartenaient tous au corps diplomatique ; mais tous ceux des petites puissances ne sont que des négociants en rivalité et en concurrence avec les autres commerçants. Que devient, dans ces conditions, cette égalité et cette assimilation tant vantées aux lois de l'Europe? Nous posons la question sans la résoudre.

L'Angleterre est acquise aux projets égyptiens. Bien que sa population soit à peu près la même que celle de l'Autriche, son appui bien plus accentué étonne à bon droit le monde diplomatique; mais on semble oublier que le gouvernement anglais est essentiellement égoïste ; les questions d'humanité et d'intérêt général ont peu de prise sur lui lorsque son intérêt particulier est en jeu.

Que lui importent ses nombreux sujets maltais? son gouvernement aura toujours assez de force pour protéger efficacement ses véritables nationaux, dont le nombre ne tend pas du reste à augmenter. La colonisation en Égypte n'est pas son but, elle considère ce pays comme un simple transit, et les Anglais qui s'expatrient vont jusqu'aux Indes.

L'objet de son ambition et de sa convoitise, c'est le canal de Suez; elle veut y établir sa domination, en faire sa chose propre; et, pour atteindre ce résultat, le premier et principal point c'est de faire passer la compagnie universelle du canal maritime de Suez sous la juridiction locale.

L'Angleterre sait qu'à l'occasion de contrats passés entre le vice-roi et la compagnie, celle-ci s'est engagée à accepter les futurs tribunaux lorsqu'ils seraient établis.

Pour hâter leur installation et contraindre la compagnie *à un appui plus formel et plus actif*, elle a donné l'ordre à son Consul général et à son Consul légal, président de la cour britannique en Égypte, de ne plus reconnaître la compagnie que comme compagnie égyptienne, soumise aux tribunaux locaux.

Un fait à l'appui. — En 1873, dans un procès intenté par la compagnie à un sujet anglais et introduit par la voie du Consulat de France dont la compagnie a toujours relevé au vu et au su de tous, spécialement du Gouvernement égyptien et du Consulat anglais, procès introduit devant la cour britannique, celle-ci, bien qu'elle eût déjà connu du procès qui avait motivé des audiences et des renvois, n'a pas craint d'exciper d'une circulaire ministérielle et d'un ordre de l'ambassade de Constantinople, enjoignant de ne pas accepter les actes et requêtes de la compagnie, transmis par le Consulat général de France, la seule voie reconnue par cette cour étant celle du Gouvernement local.

Accepter cette interprétation, c'était se soumettre aux tribunaux locaux, la Compagnie a refusé, mais le but que, de son propre aveu, poursuit le juge anglais, d'accord avec le gouvernement égyptien, explique tout à la fois l'attitude du Foreign-Office et celle de la Compagnie de Suez dans la question. La Compagnie n'est plus libre de ses mouvements et de sa volonté, mais, que de reconnaissance elle devrait à ceux qui la tireraient de l'impasse où elle est placée.

En effet, vouloir soumettre la Compagnie à la juridiction locale telle qu'elle existe, ce n'est qu'une menace impuissante ; car la Compagnie trouve son salut dans l'impossibilité de cette application et dans la protection consulaire. Elle n'a donc pour le moment, et par le maintien du *statu quo* que des embarras à redouter, tandis que la juridiction des nouveaux tribunaux serait la ruine de son avenir, si florissant pour les actionnaires, si elle reste ce qu'elle a été jusque là : ruine, ajournée tout au plus à quelques années. — C'est en tous cas sa perte comme Compagnie française et sa transformation en une Compagnie anglo-égyptienne, placée directement sous la puissance nominale de l'Egypte, mais sous la domination effective de l'Angleterre.— Si, d'ailleurs, elle restait purement et simplement Compagnie égyptienne, elle serait appelée comme bien des Compagnies précédentes à subir l'effet de la volonté capricieuse du vice-roi qui détruit volontiers ce qu'il a lui-même édifié, et il serait à craindre que la Compagnie de Suez ne partageât bientôt le sort de la Compagnie agricole et de l'Azizié.

Dans tous les cas, les intentions palpables de l'Angleterre sont d'enlever à la France le protectorat qu'elle est en droit d'exercer sur le canal de Suez.

Nous avons esquissé rapidement l'attitude de presque tous les gouvernements européens, nous avons indiqué les divers motifs qui inspiraient leur ligne de conduite ; nous allons maintenant voir ce que pensent des projets du gouvernement égyptien les deux puissances qui, avec la France, sont principalement intéressées dans la question : la Grèce et l'Italie.

Mentionnons tout d'abord qu'au mépris des notions les plus élémentaires de toute justice et d'impartialité, la Grèce n'a pas même été consultée, tellement on pressentait la résistance impitoyable que le gouvernement n'eût pas manqué d'opposer à la réforme projetée.

L'attitude de l'Italie dans la question mérite une attention toute particulière.

Le roi Victor-Emmanuel, dont la situation délicate vis-à-vis du vice-roi ne lui laisse pas une indépendance suffisante, ne se montrerait pas hostile au projet. . . . .

. . . .

. . . .

Le ministère, gêné par la fausse position du roi, flotte indécis. La question du reste sera portée devant les Chambres, et il est permis de supposer, en présence du mouvement très-accentué de l'opinion en Italie, que cette puissance ne prêtera pas son concours à cette œuvre en tous points funeste à sa colonie.

Nous avons passé en revue toutes les puissances, et il n'est pas inutile de faire remarquer que, si l'obsession et la persistance du vice-roi ont eu raison de quelques résistances, il n'en a pas été de même des colonies dont l'attitude a été de tout temps d'une franchise et d'une netteté indiscutables.

On s'est bien gardé, il est vrai, de les consulter ; mais leur voix n'a pu être étouffée complétement, et c'est par des adresses et des pétitions à leurs gouvernements qu'elles ont fait entendre unanimement leurs protestations énergiques.

La colonie française a envoyé de nombreuses adresses dans ce sens à l'Assemblée et au ministère ; la colonie grecque, la colonie anglaise elle-même ont, dès le principe, fait parvenir à leurs parlements l'expression de leurs craintes et de leurs appréhensions. La colonie italienne envoyait encore tout récemment à son parlement une protestation vigoureuse, couverte de milliers de signatures.

Il n'est pas jusqu'à la colonie allemande qui, lorsque la question n'était pas encore politique, n'ait protesté en des termes également très-énergiques.

On le voit, si nous prenons en mains la défense des lois et coutumes en vigueur, si nous refusons de nous associer à l'œuvre de ruse et de duplicité du gouvernement égyptien, c'est que nous avons avec nous l'opinion publique qui se défie instinctivement de la réforme et ne lui trouve aucun caractère d'utilité ni d'urgence.

Voyons maintenant ce qui arrivera si la France persiste dans son refus. Elle gagnera d'abord, dût-elle être isolée, ce que l'acceptation des autres puissances, notamment celle de la Russie, leur ferait perdre. C'est sous son pavillon que demanderont désormais à s'abriter tous ceux qui redouteront la partialité des nouveaux tribunaux. Son attitude réservée lui a déjà valu de nombreuses sympathies; c'est encore, dit-on tout haut en Égypte, en la France seule que doivent espérer tous ceux qui ont besoin de protection et de justice.

Sa résistance lui a rendu son ancien prestige, et du jour où elle aura rejeté définitivement ce projet malsain, aussi dangereux pour le vice-roi lui-même que pour les Européens, elle sera en Egypte plus forte que jamais.

Si elle a, au contraire, la faiblesse d'adhérer même avec des palliatifs, elle aura, par ce seul fait, perdu toute sa force, abandonné les intérêts religieux qui s'abritent sous son drapeau (1),—quelle que soit l'exception qu'on ait ob-

(1) Voir l'une de ces adresses à l'Assemblée nationale et le rapport de M. le marquis de Plœuc, aux appendices. — *Id.* La pétition italienne et celle du barreau italien. — *Id.* De la colonie anglaise.

tenue en faveur des établissements religieux, dans le but bien visible de s'assurer le vote d'une partie de notre représentation nationale.

Mais on a compté sans le patriotisme qui réunit, en certaines questions, tous les partis de l'Assemblée.

Ce n'est pas au moment où la droite revendique la liberté de l'enseignement supérieur pour tous, qu'elle voudrait accepter pour les établissements religieux un privilége qui ne resterait pas celui de tous les Français, commerçants, industriels, etc., pour lesquels il fut créé dès le principe. La droite et la gauche de l'Assemblée s'uniront pour repousser ce projet, œuvre de nos ennemis, sous peine de voir la population française diminuer rapidement et la France descendre peu à peu en Egypte au rang où est l'Allemagne, et cette dernière puissance s'y élever à celui que nous occupons actuellement.

OBSERVATIONS

SUR

L'EXPOSÉ DES MOTIFS DU PROJET DE LOI

ET

LES DOCUMENTS DIPLOMATIQUES PUBLIÉS A L'APPUI

L'exposé des motifs pour établir que l'opinion de la colonie française ne serait pas unanimement hostile à la réforme, parle d'une réunion tenue en 1870 chez le 2e député de la nation et dans laquelle on aurait adopté des conclusions favorables. M. le 2e député, ami intime du secrétaire de S. E. Nubar-Pacha, avait en effet convoqué un certain nombre de Français chez lui, et essayé d'obtenir ce résultat. Mais il est avéré qu'on dut se séparer sans que ce but fût atteint. Le trouble que cette tentative occasionna, et le résultat qu'elle allait amener étaient de telle nature que S. E. Nubar-Pacha et ceux aux sollicitations de qui M. le 2e député avait cédé, durent le prier de couper court à ces réunions, lesquelles causaient une agitation qui allait infailliblement tourner à la confusion des promoteurs de la réforme. — Voilà qui est de notoriété publique. Jamais procès-verbal ne fut publié, s'il y en eut un il ne put être que l'œuvre de quelques amis, mais on ne saurait lui donner la valeur d'une opinion émanant d'une réunion publique ou d'un groupe de la Colonie.

En outre, les chefs de puissants établissements... « sans « aller jusqu'à approuver les vues du Khédive, n'auraient

« pas hésité à déclarer que l'avortement du projet de ré-
« forme amènerait dans la distribution de la justice en
« Égypte, une confusion dont nos intérêts auraient gran-
« dement à souffrir. » D'autres se seraient prononcés avec énergie, « non-seulement pour la nouvelle organisation
« des tribunaux égyptiens, mais contre le maintien du
« régime actuel des 17 juridictions. »

Ce passage fait allusion sans doute à l'opinion de MM. les représentants des messageries et des sept personnes du Caire, qui ont remis au mois de janvier 1874 une adresse à M. le Consul général de France; peut être même à la lettre de M. de Lesseps.

La lettre de M. de Lesseps explique la raison de son attitude; *d'après le désir du Khédive et de La Porte elle-même*, loin de faire obstacle à l'institution d'une justice régulière en Égypte, il l'appelle de tous ses vœux, *afin de se conformer sans réserve aux stipulations contenues dans la Convention de* 1866. (18 mars 1873.)

Mais M. de Lesseps avait écrit également une lettre à la Commission de 1867, laquelle est visée dans le rapport, pourquoi ne pas l'avoir produite parmi les documents publiés, puisqu'on semble vouloir s'appuyer sur l'opinion de l'illustre président de la Compagnie de Suez. Cette lettre, nous le répétons, est visée au rapport de ladite Commission de 1867.

Enfin, il n'eût peut-être pas été inutile de produire la requête-protestation adressée par M. de Lesseps, le 26 avril 1874, au Consul général de France lorsque le Gouvernement ottoman et le Khédive (ministre Nubar-Pacha) lui firent sentir, d'accord avec l'Angleterre, les conséquences de la convention de 1866 ; et le menacèrent de s'emparer du canal *Etiam manu militari*. Voici un passage de cette protestation :

« La Compagnie financière du canal de Suez n'ayant

« par elle-même d'autre force que son droit et désirant « éviter un conflit qui serait fâcheux pour tout le monde, « se voit obligée de se soumettre provisoirement ; mais « elle constate la violation d'un contrat public formelle- « ment établi par l'art. 17 de son acte de concession. » (26 avril 1874.)

Quant aux représentants des messageries dont le directeur à Alexandrie était un Italien (*M. Frugoli*), ils confessent qu'ils n'approuvent pas mais désirent la réforme. Ils prévoient sans cela des inconvénients. Ces inconvénients ne seront pas pour la Cie des messageries qui n'a jamais que le rôle du défendeur, et en cette qualité ne peut comparaître que devant la justice consulaire. Classons donc hardîment l'adhésion des messageries parmi celles des personnes qui ont intérêt à ne pas déplaire. Que dirons-nous de l'approbation des sept personnes du Caire?

Nous préférons emprunter à un journal d'Alexandrie le récit de ce qui s'est passé en cette circonstance (1):

On lit dans le *Nil* du 18 février 1874 :

Si les agissements de S. E. Nubar-Pacha ne nous effraient que médiocrement, le concours que leur prêterait ou leur aurait déjà prêté le représentant de la France en Égypte nous donnerait les plus grandes inquiétudes.

Or, voici les faits que l'on raconte, qui trouvent créance dans l'opinion publique, dont nous nous faisons l'écho, sans en prendre la responsabilité, mais qui, nous devons le dire, nous sont attestés par plusieurs personnes dignes de confiance.

Il y a quelques jours, l'un des plus anciens et des plus actifs promoteurs de la réforme a réuni au Caire quelques-uns des notables français de cette ville ; quatre, nous assure-t-on. Il leur a exposé que le gouvernement égyptien était décidé à suspendre tous travaux si les projets de réforme judiciaire ne se réalisaient pas. Si, au contraire, la réforme passe, leur a-t-il dit, on *vous*

(1) M. Mannoury, secrétaire de S. E. Nubar Pacha.

donnera de nouveaux travaux, on *vous* fera de très-importantes commandes.

On comprend aisément à quelles personnes ce langage s'adressait. Nous pourrions les nommer; disons seulement que ce sont des entrepreneurs, des fournisseurs qui, à ce titre, n'ont rien à refuser au gouvernement et croient avoir à gagner personnellement à la réforme, puisque, si elle passe, on leur donnera « de nouveaux travaux, » on leur fera « de très-importantes commandes. »

Le lendemain, ces « notables, » s'étant adjoint quelques personnes placées sous leur influence, se sont rendus auprès de M. le consul général de France, qui était alors au Caire, et lui ont exprimé le vœu de voir le gouvernement français accepter sans plus tarder la réforme.

Cette nouvelle manœuvre aurait eu, auprès de M. de Cazaux, le succès qu'en attendait le gouvernement égyptien.

En effet, il paraît que notre consul général aurait nettement répondu à ces messieurs que *leur opinion était conforme à la sienne, qu'il aurait fait connaître son sentiment à son gouvernement, auquel il avait été assez heureux pour le faire partager.*

Quelques jours plus tard, M. le consul général, s'entretenant avec un de nos compatriotes, qui habite l'Égypte depuis Méhémet-Aly, qui a occupé les plus hautes fonctions dans le gouvernement et qui (est-il utile de le dire?) est, comme tous les hommes indépendants, clairvoyants et amis sincères de l'Égypte, opposé à la réforme (2).

« Je suis vraiment embarrassé, lui dit M. le consul général; au Caire on demande la réforme, à Alexandrie on n'en veut pas.

— Mon Dieu, c'est bien simple, lui fut-il répondu, au Caire, de quelles personnes se compose la colonie et de qui se composait la députation qui est venue vous trouver? d'entrepreneurs et des représentants de grosses maisons qui font des fournitures au gouvernement, qui ne sont par conséquent pas libres vis-à-vis de ce gouvernement. Leurs travaux et leurs fournitures ne donnent point lieu à des difficultés litigieuses, et il suffit qu'ils aient été l'objet d'une démarche dans le sens que vous indiquez pour ne pouvoir se dispenser de la faire. La déclaration qu'ils vous ont faite n'a donc, à mon avis, aucune valeur.

« A Alexandrie, au contraire, vous avez une colonie indépendante par la position commerciale de ses membres, et vous avez

(2) S. E. Linant Bey de Bellefonds, ancien ingénieur en chef du gouvernement égyptien, ancien ministre des travaux publics, etc.

tout naturellement une opinion contraire : car elle n'a à consulter et ne consulte que son opinion personnelle et ses intérêts.

« Il est facile de distinguer sur quel criterium vous devez baser votre propre conviction. »

La réponse était péremptoire ; mais on assure que M. le consul général de France n'était plus en mesure d'en faire son profit.

Il paraîtrait, en effet, qu'il ne s'est pas assez complétement tenu sur la réserve que nous lui recommandions dans notre numéro du 29 décembre. Nous ne pouvons admettre qu'il ait signé aucun engagement, mais il est à craindre que, verbalement, il ne soit allé jusqu'à donner au gouvernement égyptien plus que des espérances. Dans le désir d'obtenir le règlement d'affaires nombreuses et importantes en littige, il aurait fait des promesses assez précises pour engager, plus qu'il ne convenait, son gouvernement. On dit même, mais nous n'en croyons rien, qu'il aurait reçu de celui-ci un blâme et un désaveu. Il faut bien ajouter que le départ précipité de M. de Cazaux, pour un lieu encore inconnu, a donné consistance à ces bruits et naissance à plus d'un autre. Les uns ont dit que M. le consul général était parti pour Paris *par voie indirecte ;* les autres, qu'il était allé à Beyrouth consulter son collègue.

Nous croyons être bien informés en disant que, parti pour le Caire afin d'assister aux fêtes qui y ont eu lieu la semaine dernière, M. de Cazaux s'y est aussitôt trouvé en butte à une pression activement exercée sur lui pour l'amener à appuyer de sa signature les promesses antérieures, que, pour échapper à des obsessions auxquelles il ne pouvait se rendre, il a quitté le Caire pour Ismaïlia où il se serait embarqué pour Port-Saïd et que de là il s'est dirigé vers Jérusalem où il serait en ce moment.

Quoi qu'il en soit, S. E. Nubar-Pacha ne se cacherait pas pour dire à qui veut l'entendre *qu'il passera sur le cadavre de la France*, qu'il est assuré de l'appui de l'Allemagne, laquelle saura bien faire plier la France.

Tous ces faits sont graves et, sans nous décourager, nous font croire l'heure venue d'agir et de crier : Alerte !

Il faut se grouper, s'entendre, pétitionner pour repousser l'assaut désespéré qu'on livre à nos libertés et à nos droits !

On affirme d'un autre côté que toutes les puissances ont adhéré. C'est ce qu'on avait essayé de persuader à S. A. le Khédive dès le mois de février 1874. Voicice que nous lisons à cet égard dans un journal d'Alexandrie, sous le titre de « S. A. le Khédive et la Réforme judiciaire. »

Nous empruntons à une correspondance du *Phare de Bosphore*, datée du Caire, 19 janvier, le passage suivant :

« Après avoir reçu les dignitaires et grands personnages du pays, LL. EE. les consuls généraux, S. A. le Khédive a prononcé une courte allocution à la Colonie européenne, quand elle lui a été présentée par le Maître des Cérémonies.

« Son Altesse a spécialement insisté sur la très-prochaine application des Réformes judiciaires. D'après les paroles du chef de l'Etat, les tribunaux vont être organisés suivant les projets adoptés, projets auxquels ont adhéré déjà la majeure partie des puissances européennes représentées en Egypte.

« Quant aux puissances non converties encore au système nouveau, leurs sujets continueront comme par le passé à relever de leur tribunal consulaire, à moins, toutefois, qu'ils n'aient des affaires auxquelles seraient mêlés des individus soumis par leur nationalité, aux tribunaux réformés.

« Cette énergique décision du gouvernement égyptien, annoncée par l'organe même du chef de l'Etat, a une très-grande portée. »

Si — comme S. E. Nubar-Pacha y avait tout intérêt — ses organes officieux avaient gardé le silence sur ce qui s'est passé dans la réception des consuls européens par S. A. le Vice-Roi, nous ne nous fussions pas crus autorisés à nous en faire l'indiscret écho ; nous n'aimons pas à mettre en jeu la personne du Vice-Roi. Mais l'inexactitude du récit qu'ils en donnent et les conséquences qu'ils en tirent nous contraignent à rétablir la vérité des faits et nous autorisent à en tirer, à notre tour, certaines conséquences.

C'est à la réception des consuls généraux de plusieurs puissances que S. A. le Khédive « a prononcé » la courte allocution dont il s'agit. Il a dit que la réforme pouvait, dès maintenant, être regardée comme un fait accompli, que *toutes* les puissances avaient définitivement adhéré, que des juges étaient nommés et que les nouveaux tribunaux allaient sous peu fonctionner sans opposition.

Cette affirmation, donnée par le Vice-Roi d'un ton parfaitement convaincu et d'ailleurs point menaçant, surprit au plus haut degré ceux auxquels elles s'adressait.

— Comment, Altesse, vous dites, *toutes* les puissances ? observa le consul de Suède.

— Oui, toutes, reprit le Vice-Roi avec l'assurance d'un homme qui se croit sûr de son fait.

— Je crois, cependant, Altesse, — observa M. Manos, que la Grèce, que je représente, non-seulement n'a pas adhéré, mais n'a même pas été consultée.

Le Vice-Roi parut, à cette déclaration, aussi surpris que troublé.

— L'Espagne, reprit le consul général de ce pays, est dans le même cas, Altesse, à moins qu'on ne l'ait consultée en dehors de moi et qu'elle n'ait traité directement avec votre gouvernement et à mon insu.

La surprise du Vice-Roi était de plus en plus grande.

Peu après, les mêmes consuls généraux étaient *reçus* par Nubar-Pacha qui, déjà informé de l'incident qui venait de se produire, porta, sans détours oratoires et en termes irrités, la question sur ce terrain.

Avec une colère mal contenue, il déclara qu'il ne tolérerait plus que qui que ce soit mette en doute la réussite de *ses* projets et se permette de dire que ce n'est pas un fait accompli. Il ajouta que ceux qui ne l'accepteraient pas, la subiraient, et que, dès lors, son fonctionnement n'était plus en discussion.

Si nous sommes bien informés, l'absence du consul de France aux réceptions, aurait grandement étonné le Vice-Roi et les explications qui lui en auraient été directement fournies ne l'auraient pas moins surpris que les réponses des consuls de Suède, de Grèce et d'Espagne.

Faut-il chercher l'explication de ces faits ? Elle paraît assez facile à trouver.

Il n'est pas douteux que, depuis assez longtemps déjà, le Khédive, fatigué de dépenser en pure perte, à la poursuite de la réalisation des projets de Nubar-Pacha, des sommes considérables, fort peu convaincu qu'ils puissent donner de bons résultats, mais ayant, au contraire, un pressentiment des grosses complications qui en peuvent résulter pour son gouvernement et l'avenir de l'Egypte, il n'est pas douteux, disons-nous, que le Khédive était d'avis d'abandonner ces projets et d'en rester là des négociations engagées à leur sujet. S. E. Nubar-Pacha ne l'entend pas ainsi et, ne fût-ce que par amour-propre, il ne veut pas clore huit années de démarches, par un échec. N'est-il pas permis de supposer que, pour rendre espoir et courage à S. A. le Vice-Roi, on lui ait présenté le triomphe comme définitif et comme aplanies les dernières difficultés ?

Qui a dit au Vice-Roi que toutes les puissances avaient adhéré quand cela n'est pas ?

Si il avait été mis exactement au courant de l'état des choses, pourquoi eût-il montré tant d'étonnement aux observations des consuls ?

D'où pouvait venir la colère de Nubar-Pacha si ce n'est de ce que, par leurs observations, les consuls avaient appris au Vice-Roi des choses que, sans nul doute, le ministre eût préféré qu'il ignorât ?

On peut, d'après ceci, se rendre un compte exact, de la « *portée* » de la déclaration du Vice-Roi.

Pour être dans le vrai et dans la justice, il ne suffit pas de n'être point trompeur, il faut n'être pas trompé !

Or, il y a longtemps qu'on l'a dit : la chose la plus difficile aux grands, c'est de savoir la vérité, et nous pourrions, en terminant répéter ce vieux cri des serfs exploités : « Ah ! si le... Vice-Roi le savait ! »

Le livre-vert, œuvre du secrétaire de S. E. Nubar-Pacha, ose invoquer l'opinion de M. de Moustier : La voici dans le *Nil* du 24 février 1875 :

En 1868, M. de Moustier, alors ministre des affaires étrangères du gouvernement français, écrivait :

« Nubar dépense en ce moment pas mal d'argent.... pour ameuter contre nous les autres cabinets et les appeler à nous forcer la main dans le sens de ses idées. Tout cela est propre à nous faire amèrement repentir de l'extrême bonne volonté que nous avions témoignée... Nous ne saurions faire remonter jusqu'au Vice-Roi, malgré les efforts de Nubar pour compromettre son maître, la responsabilité des maladresses, des violences, j'oserai presque dire des insolences de celui-ci. »

Et le ministre ajoutait que désormais les représentants de la France « instruits par expérience du peu de profit qu'il y a à se montrer conciliant » se considéreraient « comme parfaitement déliés des liens de toute négociation antérieure » et ne songeraient « qu'à défendre nos intérêts. »

Veut-on se rendre compte maintenant du prestige qui entourerait de nouveau la France, si elle repoussait définitivement le projet, il faut lire les lignes suivantes parues dans le même journal et dans un autre, sur le bruit qu avait couru que notre conseil général avait reçu l'ordre de rompre les négociations.

C'est, sinon dans les termes (1), au moins au fond, le langage qu'oppose aujourd'hui la France aux nouvelles « maladresses, » aux continuelles « violences, » aux récentes « insolences » du ministre des affaires étrangères égyptien.

Certes, il est très-vrai que, par l'organe de notre consul général, le gouvernement de Versailles avait montré, dans ces derniers temps, « une extrême bonne volonté » à l'égard des projets du S. E. Nubar-Pacha. Les paroles dites à quatre entrepreneurs de Caire, paroles répétées et affirmées par ceux-ci, eussent-elles été exagérées, qu'elles n'en prouveraient pas moins jusqu'à quel point l'agent diplomatique français s'était montré conciliant.

Le langage moins que respectueux et point du tout parlementaire tenu à l'égard de la France, par Nubar-Pacha, et dont nous avons rapporté les termes, a eu pour effet de faire « amèrement repentir » notre gouvernement et son représentant en Egypte, de cette extrême bonne volonté, de ce désir de conciliation.

En quittant le Caire, M. le consul général a sans doute voulu non-seulement protester contre l'attitude prise et le défi jeté par S. E. Nubar-Pacha à l'adresse de la France, mais il a entendu suspendre toute relation diplomatique entre les deux gouvernements.

On nous assure qu' « instruit par l'expérience, » du peu de profit qu'il avait retiré de son extrême bonne volonté, il ne se serait absenté que pour pouvoir, à l'abri de toute influence, instruire son gouvernement de ce qui se passait. Il n'aurait pas hésité à revenir franchement sur les impressions qui avaient dicté ses premiers rapports et à insister pour être autorisé à répondre, aux violences de Nubar-Pacha, par une rupture des négociations ouvertes au sujet de la réforme, et par un refus absolu de toute adhésion.

Autant nous avons regretté et blâmé les espérances qu'avaient pu donner au ministre égyptien certaines démarches, certaines paroles attribuées à notre consul général, autant nous le féliciterions de la nouvelle et énergique attitude qu'on lui prête, si comme tout nous l'assure, le récit qu'on nous en fait est exact.

Quant au gouvernement de Versailles, la décision qu'il vient de prendre lui gagnera, certainement, dans notre colonie, des sympathies que sa politique intérieure avait éloignées de lui, et ce ne sont pas seulement les Français qui le remercieront de l'énergique attitude qu'il s'est décidé à opposer aux manœuvres des

(1) Lettre de M. de Moustier.

partisans de la réforme, ce sont tous les étrangers résidant en Egypte.

Des Anglais, des Autrichiens, des Italiens sont venus nous demander d'être leur écho pour exprimer à notre gouvernement et à son représentant leur enthousiaste gratitude et voici en quels termes le *Manifeste*, un journal placé sous la juridiction hollandaise et rédigé par un Grec, M. Georges Goussio, a annoncé la nouvelle du refus de la France :

EUROPÉENS, RÉJOUISSEZ-VOUS !

Le consul général de France a reçu hier de son gouvernement l'ordre de suspendre toute négociation sur la réforme judiciaire et de refuser à cet égard tout arrangement, et cela pour sauvegarder la dignité de la France. Cette décision honore le gouvernement de Versailles.

Nous l'avions dit : c'est de la France seule que nous devions attendre le salut.

Si S. E. Nubar-Pacha est renseigné sur les manifestations que cette nouvelle a soulevées ici, s'il ne ferme pas les yeux pour ne pas voir et les oreilles pour ne pas entendre, il comprendra enfin qu'il vient de remporter un échec, une défaite décisive !

Pouvons-nous l'espérer ? Ce serait imprudent ; aussi nous rappelant que la prévoyance est sœur de la sagesse et la prudence mère de la sûreté, nous croyons bon de nous tenir sur le qui-vive et de ne pas abandonner la lutte sur ce premier succès. Pour grand qu'il soit, il faut prévoir et empêcher le retour offensif de l'ennemi.

Depuis deux mois, nous sommes sur la brèche, nous y resterons et nous engageons nos concitoyens à ne pas interrompre leurs pétitions, à se souvenir du : *si vis pacem para bellum.*

Il y aurait, actuellement, une sorte de pétition dont la signification nous paraîtrait excellente ; ce serait une adresse au président Mac-Mahon, pour le féliciter et le remercier de la décision prise par son gouvernement, pour le conjurer aussi de n'en pas changer.

Que des hommes influents, nos députés de la nation en tête, prennent cette initiative et nous croyons qu'ils trouveront partout le plus entier, le plus ardent concours.

Une nouvelle, sur la signification et l'importance de laquelle il n'y a pas à se méprendre, nous arrive de bonne source au dernier moment.

Les deux magistrats suisses dont nous avions annoncé la nomination aux postes de juges dans les futurs tribunaux de la réforme ont quitté le Caire et sont repartis hier pour l'Europe.

(*Nil* du 24 février 1874.)

La décision de la Grèce, celle du Parlement italien, seront conformes à celle de la représentation nationale de la France. Ces adhésions sont subordonnées à la nôtre. *Si l'Assemblée nationale de Versailles rejette le projet de loi, c'est également par un refus que sera accueilli le même projet de loi au Parlement italien et à la Chambre hellène*; ou plutôt il sera même retiré. Que deviendra alors la réforme dont on semble craindre l'exécution, malgré et contre nous. Elle s'évanouira et rentrera dans la nuit d'où elle est sortie. Il n'en sera plus question ; c'est ce que demandent au surplus les rares documents qu'a pu produire le Livre jaune à l'appui du projet. Ils demandent une solution. Nous aussi ; mais pour nous, pour la France, cette solution ne peut être qu'un rejet absolu.

Après ce rejet, il n'y aura ni trouble, ni confusion ; et les choses iront comme par le passé, comme elles vont maintenant, puisque jusqu'alors rien n'a été changé !!!

Il ressort clairement de ces documents et des pétitions que nous publions aux appendices qu'on doit considérer comme unanime l'opposition des colonies européennes, notamment de la colonie française. Nous ne saurions donc accepter l'affirmation de M. l'agent et consul général qui tendrait à faire croire que cette opposition émane de personnes sans établissements sérieux. Cette affirmation est évidemment produite dans l'intérêt de la cause dont M. le marquis de Cazeaux a cru devoir se faire l'avocat. Il n'aurait qu'à lire la pétition qui compte 62 signatures tout récemment rapportée par M. le marquis de Plœuc, pour se convaincre que nombre de signataires sont au contraire dans une situation à ne pas envier même celle de consul. Ils ont un titre encore, ces signataires ! c'est qu'aucun d'eux n'a jamais obtenu le concours du consulat pour une réclamation contre le gouvernement. De sorte qu'il se produit, en cette occurrence, une observation qui paraît bizarre mais n'en est que plus logique. Si l'on peut citer quelques « noms d'adhérents à la Réforme, c'est parmi ceux auxquels la pression consulaire a le plus profité, et *continuera* de profiter *quand même ;* et l'opposition ne se compose que de personnes qui n'ont jamais rien obtenu par voie du consulat général de France ! Pourquoi s'étonner alors que parmi les opposants, il se trouve des réclamants ! Son Excellence semble les inviter à ne plus avoir aussi facilement recours à l'ingérence personnelle des consuls et à leur intervention diplomatique. — Ah ! ce n'est pas à eux que la recommandation doit s'adresser ; mais à d'autres qui n'étaient souvent français que par subterfuge et qui n'en ont pas moins fait osciller le drapeau français à leur profit. Ce recours et cette intervention, ils l'ont sollicité peut-être une fois (car chacun de ceux qui parmi eux se trouvent avoir des réclamations n'en a qu'une et s'il en a plusieurs elles datent sans doute de quelque dix ans !) Mais ils n'ont jamais obtenu la protection à laquelle ils avaient droit. Si les consuls sollicitent (p. 14 de l'*Exposé des motifs*) d'être dégagés de ces réclamations au profit de leur dignité et de leur liberté d'action, on devrait dire au moins que ce n'est jamais au profit des opposants que cette dignité s'est compromise. »

Nous reconnaissons là la théorie favorite de M. le marquis de Cazeaux qui avec sa délicatesse et sa courtoisie naturelles, à laquelle Nubar-Pacha se plaît à rendre hommage, dans sa lettre du 6 décembre 1873 (lettre qui, cependant, de l'aveu même de M. le consul général, ne contenait qu'une supercherie en échange de sa franche déclaration, p. 174-175, du *Livre jaune*), a été offusqué, dès le premier jour de son arrivée en Égypte, de ce fatras de dossiers poudreux à remuer.

Ainsi, l'influence du consulat de France sera allée jusqu'à se compromettre au profit de telle personne, qui souvent n'était même pas française, et ces vrais Français, les opposants, n'y auront plus droit !!

Et remarquons que ceux qui ont obtenu déjà cette protection par subterfuge, continueront d'en jouir ! Il en sera de même, jusqu'à un certain point, des riches représentants de grands établissements. Seulement, pour ces derniers, il arrivera une heure où cette influence sur laquelle ils comptent quand ils donnent leur adhésion imprudente, sera de nul effet. Ils se repentiront alors de n'avoir pas fait cause commune avec les résidents à domicile fixe dont le séjour en Égypte est cependant indispensable à l'extension de nos relations commerciales et industrielles et à notre influence.

CONCLUSIONS

D'où viennent les capitulations et usages ?

De l'état intérieur des pays où ils sont appliqués.

C'était pour l'Europe à la fois une garantie nécessaire à la sécurité de ses nationaux et un moyen de contraindre les maîtres de l'Orient à entrer dans la voie de la civilisation, à se départir de ce que leur autorité avait de par trop absolu, à organiser enfin leur pays. — L'Europe veut-elle renoncer à la fois à ces deux avantages ? — Certes, nous ne nions pas les progrès matériels qu'a faits l'Égypte sous les règnes éclairés de Méhemet-Ali, de Saïd-Pacha et de S. A. le Khédive. Mais quels que soient ces progrès, quels que soient les travaux d'utilité publique entrepris par le Khédive, il n'en est pas moins vrai qu'au point de vue de l'état des indigènes et de l'administration, rien n'a été changé. Il n'y a donc aucune raison pour que l'Europe se départisse des garanties dont elle a cru devoir entourer le séjour de ses nationaux en Orient.

On comprendrait du reste que la Turqnie et l'Égypte, affirmant un progrès que nous nions en nous plaçant au point de vue spécial qui nous occupe, demandassent sincèrement l'abrogation des capitulations et élevassent la prétention de soumettre, comme en Europe, les étrangers à leur juridiction. — Elles seraient au moins dans la logique en voulant imiter l'Europe. — Le système proposé n'a pour lui aucun principe. Qu'on fasse juger l'étranger par l'indigène, cela se comprend ; mais qu'on le fasse juger par d'autres étrangers, voilà qui cesse d'être rationnel.

Le français jugé en Égypte par des égyptiens, n'aurait le droit de se plaindre que parce qu'on lui enlèverait un privilége et le bénéfice des usages sous l'empire desquels il est allé s'établir en Orient ; mais le français jugé en première instance par un mélange de hollandais, belges suédois, danois, suisses, portugais et brésiliens, et en appel, par un autre mélange d'allemands, russes, autrichiens, américains, anglais et italiens, même avec adjonction d'une unité française a le droit absolu, non-seulement de se plaindre de ce qu'on le prive des privilèges que lui assuraient les traités en vigueur, mais aussi de rejeter cette mixture dangereuse, de repousser au nom de la raison, le régime anormal et bizarre auquel on veut le soumettre.

Cette plainte et cette répugnance sont aussi légitimes et aussi prononcées chez les autres Européens.

La réprobation qui a accueilli ce projet dès le début, n'a cessé de le suivre dans toutes les phases qu'il a traversées. Nous n'avons besoin pour justifier nos conclusions que d'emprunter aux personnages officiels qui ont été appelés à étudier la question, leurs propres appréciations.

La Commission de 1867, dont nous recommandons plus haut le rapport à l'étude attentive de MM. les Députés, s'exprimait ainsi :

« La majorité fût-elle donnée à l'élément européen, du « jour où les juges seraient à la discrétion du Souverain, « conserveraient-ils leur indépendance? Il ne faut pas ou- « blier qu'ils siégeraient dans un milieu où les fonction- « naires sont, à chaque instant, assaillis par des influences « de toute sorte, même les moins avouables. Puis, com- « ment les recruter? Comment s'assurer qu'ils présentent « nous ne dirons pas toutes les garanties désirables, mais « l'aptitude et la probité qui les rendent acceptables? On « offre, il est vrai, de les prendre sur l'indication des « Gouvernements étrangers. Si, à cet égard, nous pouvons « avoir confiance dans les choix de la plupart des Gou-

« vernements européens, qui répond que les mêmes pré-
« cautions seront prises partout et en tout temps ? Encore
« est-il bon d'ajouter que ceux qui s'expatrient ne sont
« pas en général ceux dont les vertus et la situation pour-
« raient le mieux prémunir contre tant de dangers réunis.

« Tel est l'écho bien affaibli des préoccupations qui ont
« surgi au sein de la Colonie européenne, à la nouvelle
« des négociations entreprises par l'Égypte en vue de
« constituer un ordre judiciaire. Ses alarmes sont si
« grandes que, si elle était consultée, on la trouverait ma-
« nifestement disposée à maintenir le *statu quo*, quelque
« défectueux que l'aient rendu les procédés de quelques
« Consulats et surtout la justice locale.

« Et ces conclusions étaient signées des noms suivants :

« DUVERGIER, TISSOT, OUTREY, SAUDREUIL,
« FÉRAUD, GIRAUD. »

L'ambassadeur de France, à Constantinople, au Ministre des affaires étrangères, M. de Rémusat.

(Pages 157-158, des Documents diplomatiques).

Kéra, le 11 mars 1873.

« Suivant votre désir, j'ai demandé à *Nubar-Pacha* comment il entendait ASSURER L'EXÉCUTION DES SENTENCES CONTRE LES INDIGÈNES ET NOTAMMENT DANS LES HARÉMS. Il ne me répond *que des généralités en dégageant la responsabilité du Gouvernement égyptien.*

« *Signé* : VOGUÉ. »

Ambassadeur de France, à Constantinople, au Ministre des affaires étrangères.

18 mars 1873.

« Je n'ai pas été plus heureux en ce qui touche l'exé-
« cution des sentences rendues contre les indigènes et la
« composition des tribunaux....

... « *Le côté qui me préoccupe le plus et qui a frappé votre* « *esprit éclairé est celui qui concerne les mœurs du pays et* « *les obstacles qu'elles peuvent apporter à l'exécution des* « *sentences ; en un mot*, C'EST LA SAISIE MOBILIÈRE DANS « LES HAREMS. « *Signé* : VOGUÉ. »

Aucune garantie n'a été offerte depuis et n'est donnée par le règlement.

Ambassadeur de France, à Constantinople, au Ministre des affaires étrangères.

27 mars 1873.

« J'ai consulté M. Girette, administrateur de la Com- « pagnie, qui se trouve ici, ainsi que M. Chambolle et « M. Frugoli qui, l'un et l'autre, ont été agents principaux « en Egypte. SANS SE FAIRE ILLUSION SUR LES MÉRITES DE « LA RÉFORME, ils estiment qu'au point où nous sommes « arrivés, il vaut mieux risquer l'expérience en faisant « toutes ses réserves ; ils pensent qu'un avortement « amènerait une telle confusion dans la distribution de la « justice, que les intérêts français auraient plus à souffrir « de cet état de choses que du régime qui serait créé par « la réforme.... « *Signé* : VOGUÉ. »

Nous avons déjà répondu à cette objection de MM. Girette et Frugoli. Ils se placent ici à un point de vue général très faux. Le vice-roi ne se vengerait point d'un échec rompant ses relations avec les Français ; il serait débarassé d'une affaire qui lui a trop coûté et est appelée à lui causer les plus grands embarras, et il ne tarderait pas à remercier ceux qui en auraient empêché la réalisation. — Les personnes qui expriment cette opinion donnent, du reste, un argument pour la marche des usages et capitulations ; car, comment confier le sceptre de la justice à un souverain qui serait, selon eux, capable d'exercer de telles représailles.

Nous avons, au surplus, démontré qu'après comme avant le rejet de la réforme les choses continueraient d'aller comme par le passé, et que rien ne serait changé à l'état actuel.

Le Ministre des affaires étrangères à l'ambassadeur de France, à Constantinople.

Versailles, le 30 mars 1873.

« Mous croyons devoir insister sur l'incompétence des « tribunaux en matière de faillite, et sur les garanties à « recherehер *pour l'exécution des sentences contre les in-« digènes.* « *Signé :* RÉMUSAT. »

Nous espérons que M. de Rémusat, député, repoussera un projet qui n'accorde point la garantie qu'il jugeait indispensable comme ministre.

Le consul général de France, à Alexandrie, au Ministre des Affaires étrangères.

(Pages 173-174 des Documents diplomatiques).

Alexandrie, le 14 décembre 1873.

« SI NOUS SOMMES CONTRAINTS DE LAISSER LA « FORTUNE DE NOS NATIONNAUX A LA DISCRÉTION « DE CE GOUVERNEMENT, N'Y METTONS PAS LEUR « HONNEUR. » Signé : CAZEAUX.

Ainsi de l'aveu de tous, les périls que nous signalons ne sont point chimériques.

Quelle nécessité politique y a-t-il donc de mettre ainsi

la *fortune des français residents à la discrétion du gouvernement égyptien ?*

Est-ce la crainte que la France ne soit isolée? C'est là une erreur profonde, un argument faux qu'il importe de détruire... les puissances qui ont donné en principe leur acquiescement, ne l'ont donné que sous la condition d'une adhésion *unanime*. Ces gouvernements se retireraient donc en présence du refus de la France? Nous resterions, dans tous les cas, avec la Grèce qui a toujours déclaré qu'elle ne ferait que ce que ferait la France, avec l'Italie, dont le parlement, appelé nécessairement à statuer sur la question, attendra pour se prononcer et pour y conformer sans doute sa propre décision, le vote de l'Assemblée nationale de Versailles.

Est-ce pour éviter les inconvénients inhérents à la multiplicité des juridictions? — Ces inconvénients, nous ne les nions pas; nous les supportons avec patience, certains d'avoir, à un moment donné, un moyen de vaincre les difficultés qu'ils font naître. — On fait ressortir les juridictions parfois hostiles. — D'abord, *cela n'est pas ;* c'est un mot malheureux échappé à un de nos présidents que l'on exploite ; mais que sera-ce donc quand l'hostilité, au lieu de se faire sentir dans les Juridictions, règnera parmi les juges?

Enfin, il y a des inconvénients, oui ! mais on les *remplace par des dangérs !*

Où est donc cette grande nécessité politique ? Craint-on l'inimitié du Vice-Roi. Son Altesse est trop éclairée pour ne pas comprendre que la France, en refusant son approbation au projet de son ministre, n'en conserve pas moins pour sa personne la bienveillance qu'elle lui a toujours montrée, et n'a pour but que de lui donner indirectement le conseil de songer plus tôt aux réformes et au progrès pour son propre peuple, moyen le plus certain de consolider sa dynastie à l'élévation de laquelle la France prêta un si puissant concours !...

L'Europe ne peut pas renoncer au moyen qu'elle avait dans la capitulation, de contraindre l'Orient à se reformer lui-même ! Et c'est la France qui est *la gardienne de ces traités séculaires !*

Serait-ce donc pour complaire à M. de Bismarck?

Nous comprenons qu'on s'en inquiète dans une question espagnole ou telle autre analogue, et qu'on observe les ménagements aussi habiles que dignes qui ont été ceux de notre Ministre des affaires étrangères. . . . . . Mais, dans une question de juridiction en Égypte, dont M. de Bismark *n'a pas le droit de se mêler ouvertement, puisque l'Allemagne y est sans intérêt, n'ayant que* 1100 *nationaux à protéger*, nous ne comprendrions pas qu'on se crût obligé à une si excessive prudence!!

Le rejet du projet de loi n'a donc ni pour les résidents, ni pour le gouvernement français, le moindre inconvénient.

L'adoption du projet est pleine de dangers éventuels pour les résidents ; et sera pour la France, la perte de son influence : elle entraînera, en effet, le retour certain aux affaires, avec une grande prépondérance, de S. E. Nubar-Pacha, cet *allié intime* de M. de Bismark, et cet *autre ennemi juré de la France !!*

Nous avons accompli notre devoir de français en faisant cette publication, sans songer à autre chose qu'à l'intérêt public ; — nous nous reposons avec confiance sur le patriotisme de MM. les membres de l'Assemblée nationale de France.

PIÈCES JUSTIFICATIVES

Voici les dépêches échangées à ce sujet entre les cabinets jusqu'en octobre 1869 :

M. le Marquis de Moustier, ministre des affaires étrangères, à M. le prince de La Tour d'Auvergne, ambassadeur de France à Londres (1).

Paris, le 28 mai 1868.

Prince, le Gouvernement du Vice-Roi, comme vous le savez, s'est adressé aux principales Puissances européennes, dans le but d'obtenir leur assentiment à une réforme des institutions judiciaires actuellement appliquées en Égypte.

Dès que nous avons été saisis, en ce qui nous concerne, des propositions de S. A. Ismaïl-Pacha, nous les avons soumises à l'examen d'une Commission spéciale instituée par mes soins. Le résultat de ce travail a été consigné dans le rapport dont vous trouverez un exemplaire ci-annexé, et que nous avons immédiatement communiqué, à titre officieux, au Gouvernement égyptien.

Agréez, etc. *Signé* : MOUSTIER.

Le Ministre des affaires étrangères à l'Ambassadeur de France à Londres.

Paris, le 8 juillet 1868.

Prince, l'Ambassadeur de la reine, comme vous le supposiez, a été invité par lord Stanley à me remettre, au sujet des réformes projetées dans le système judiciaire, actuellement en vigueur en Égypte, la communication dont vous trouverez ci-joint copie. Ainsi que vous le verrez, le Cabinet de Londres envisage l'ensemble de la question au point de vue auquel nous nous sommes placés nous-mêmes et n'admet pas plus que nous, contre les prétentions dont Nubar-Pacha s'était fait l'interprète, que les capitulations primitives constituent la seule base légale de l'organisation judiciaire égyptienne, à l'exclusion des stipulations ou des usages qui les ont ultérieurement modifiées et développées. Nous nous étions attachés à faire prévaloir le principe contraire comme la condition de toute réforme dans l'organisation de la justice en Égypte ; nous nous félicitions de voir le Gouvernement anglais en faire également la base essentielle des modifications

(1) Une dépêche identique a été adressée aux représentants de l'empereur à Vienne Saint-Pétersbourg, Berlin et Florence.

projetées et le point de départ de l'enquête internationale que le Vice-Roi demande aujourd'hui.

Agréez, etc. *Signé :* MOUSTIER.

Lord Stanley, principal secrétaire d'état de S. M. Britannique, pour les affaires étrangères, à lord Lyons, ambassadeur d'Angleterre à Paris. (Traduction.)

Foreign-Office, le 30 juin 1868.

Milord, le Gouvernement français a exprimé à différentes reprises un vif désir d'être instruit des idées du Gouvernement de Sa Majesté, sur les conclusions auxquelles la Commission, réunie dernièrement à Paris, au sujet des réformes judiciaires en Égypte, était arrivée dans son rapport du 3 décembre dernier, lequel m'a été communiqué, à titre confidentiel, par le prince de La Tour d'Auvergne.

J'ai différé ma réponse jusqu'à ce jour, désireux tout d'abord de connaître l'opinion des avocats de la Couronne sur la question générale, et maintenant que j'ai cette opinion sous les yeux, je ne suis pas préparé, pour le moment, à dire autre chose, sinon que le Gouvernement de Sa Majesté considère le rapport des Commissaires français comme offrant des matériaux précieux, qui faciliteront grandement l'enquête de la Commission internationale que l'on instituera, et que, bien que le Gouvernement de Sa Majesté ne puisse prendre sur lui d'accepter en tous points les conclusions de la Commission, il consent pleinement à ce qu'elles fournissent aux délibérations de la Commission internationale une base sur laquelle la discussion, pour l'adoption d'un nouveau système de procédure judiciaire en Égypte, pourrait d'abord au moins s'engager.

Dans la conversation que j'ai eue, il y a quelques semaines, avec Nubar-Pacha, celui-ci a beaucoup insisté sur la nécessité d'adhérer, par la suite, aux termes mêmes des capitulations, à l'exclusion des usages qui se sont développés à côté d'elles. Je me propose de faire savoir à Nubar-Pacha que le Gouvernement de Sa Majesté ne peut souscrire à cette doctrine.

Il peut exister des usages si anciens et si bien établis, qu'ils ont un droit acquis à être considérés comme faisant corps avec les capitulations, du consentement général, et à être traités comme aussi obligatoires que celles-ci, tandis qu'il peut y en avoir d'autres qui, par suite de différentes circonstances qui s'y rattachent, ne peuvent pas mériter autant de déférence. Le Gouvernement de Sa Majesté ne peut, dis-je, consentir à mettre entièrement de côté les usages; il n'a pas, toutefois, la prétention de décider lesquels doivent être maintenus, et lesquels doivent être écartés, et il préfère remettre le soin de cette décision à la Commission internationale, qui sera plus en état de résoudre la question.

Votre Excellence est autorisée à donner copie de cette dépêche à M. de Moustier.

Je suis, etc. *Signé :* STANLEY.

M. le Marquis de La Valette, ministre des affaires étrangères, à l'Ambassadeur de France à Londres (1).

Paris, le 14 avril 1869.

Prince, le Gouvernement du Vice-Roi, comme vous le savez, s'est adressé aux principales Puissances européennes dans le but d'obtenir leur assentiment à une réforme des institutions judiciaires actuellement appliquées en Égypte. Vous connaissez également le résultat auquel a abouti, en ce qui nous concerne, l'examen des propositions confié par mon prédécesseur à une Commission spéciale dont le rapport a été communiqué au Gouvernement de Sa Majesté Britannique.

A la suite de longs pourparlers engagés sur cette question, le Vice-Roi, abandonnant ses premières conclusions, s'est borné à exprimer le désir qu'une Commission internationale se réunît à Alexandrie pour y procéder à une enquête sur l'état actuel de l'organisation judiciaire en Égypte, et indiquer les améliorations qui pourraient y être apportées.

A la suite d'un entretien qu'il avait eu avec moi à ce sujet et dont il avait rendu compte à son Gouvernement, lord Lyons a reçu de lord Clarendon la dépêche que vous trouverez ci-jointe en copie.

Ainsi que vous le verrez, le Cabinet de Londres se déclare prêt à envoyer un délégué à la Commission internationale que le Gouvernement du Vice-Roi propose de constituer à Alexandrie, et il considère le rapport de la Commission française comme pouvant servir de base aux travaux qui se poursuivront en Égypte sur cette matière spéciale. Le principal secrétaire d'état indique enfin, en termes généraux, les instructions dont les délégués devraient être munis, ainsi que le caractère purement consultatif des conclusions auxquelles aboutirait ce nouvel examen de la question.

(1) Une dépêche identique a été écrite à Vienne, à Saint-Pétersbourg, Berlin et Florence.

Nous donnons notre approbation au projet du Cabinet de Londres, et, en faisant connaître dès à présent notre manière de voir aux Gouvernements avec lesquels nous ne nous étions pas prononcés jusqu'ici sur la question des réformes judiciaires, nous ne négligerons rien pour arriver à une entente dans les termes indiqués par la dépêche de lord Clarendon.

Agréez, etc,

Signé : LA VALETTE.

Le comte de Clarendon, principal secrétaire d'état de S. M. Britannique, pour les affaires étrangères, à lord Lyons, ambassadeur d'Angleterre à Paris.

(Traduction.)

Foreign-Office, le 31 mars 1869.

Milord, j'ai reçu votre dépêche du 16 mars, de laquelle il résulte que le Gouvernement français est prêt à envoyer un délégué à la Commission internationale, que l'on se propose de réunir à Alexandrie, pour examiner la question des réformes judiciaires en Égypte, mais qu'il désire arriver à une entente avec le Gouvernement de Sa Majesté, au sujet des instructions à donner aux délégués Français et Anglais.

Votre Excellence exposera à M. de La Valette que le Gouvernement de Sa Majesté est très-flatté du désir exprimé par le Gouvernement Impérial d'agir, de concert avec lui, dans une affaire qui touche de si près aux intérêts de leurs sujets respectifs en Orient, mais qu'il éprouve quelque embarras à définir à l'avance les limites dans lesquelles l'enquête ouverte à Alexandrie devra se renfermer, ou à poser des règles de conduite pour les membres Anglais de la Commission, ces règles pouvant se trouver insuffisantes ou, au contraire, dépasser les besoins de la cause.

Lord Stanley, dans sa dépêche du 30 juin, déclarait à Votre Excellence que, bien que le Gouvernement de Sa Majesté ne pût pas s'engager à accepter, sous tous les rapports, les conclusions de la Commission qui a été instituée par le Gouvernement Impérial pour examiner la question, il consentait très-volontiers à ce que ces conclusions formassent des bases dans l'enquête qui s'ouvrirait à Alexandrie; et que, quant aux usages actuellement établis qui ont pris naissance à l'ombre des capitulations, il n'était pas préparé à les mettre entièrement de côté, ni à statuer d'avance sur ceux qu'il faudrait maintenir ou qu'il faudrait rejeter.

Le Gouvernement de Sa Majesté pense qu'on ne peut donner

aux délégués des différentes Puissances que des instructions conçues dans les termes les plus généraux. Une fois munis de ces instructions, ces derniers auraient d'abord à demander aux délégués égyptiens quelles sont les imperfections dans le système judiciaire que le Gouvernement du Vice-Roi cherche à corriger, et quels sont les moyens qu'il propose pour y porter remède. Les délégués des Puissances chrétiennes vérifieraient la valeur des plaintes émises par le Gouvernement égyptien contre le système actuel, et ensuite la possibilité pratique et la sécurité du nouveau système qu'il demande à établir ; et, si les mesures qu'il propose ne leur paraissaient pas satisfaisantes, ils indiqueraient collectivement ou séparément de quelle manière on pourrait les modifier.

La discussion terminée, les délégués feraient connaître à leurs Gouvernements leur opinion sur les conclusions que la Commission internationale aurait adoptées, et ce serait aux Gouvernements eux-mêmes *à les accepter, à les modifier ou à les rejeter entièrement.*

Votre Excellence donnera copie de cette dépêche à M. de La Valette.

Je suis, etc.

Signé : CLARENDON.

Le Ministre des affaires étrangères, à M. Poujade, consul général de France à Alexandrie.

Paris, le 22 avril 1869.

Monsieur, vous savez que Nubar-Pacha est revenu à Paris, avec la mission de m'entretenir de la question des institutions judiciaires en Égypte. Il n'a pas insisté avec moi sur les propositions formulées d'abord par lui au nom du Vice-Roi. Renonçant à préjuger les conditions de l'entente à intervenir entre les Puissances, il s'est borné à demander que la Commission internationale, dont il a été question, se réunît à Alexandrie pour y procéder à une enquête sur l'état actuel de l'organisation judiciaire et pour indiquer les améliorations qui pourraient y être apportées. Le Cabinet de Londres, dont nous avons tenu à pressentir les dispositions, nous a répondu qu'il était prêt à se faire représenter à l'enquête qui s'ouvrirait à Alexandrie, en prenant pour base les conclusions du rapport de la Commission instituée par mon prédécesseur. Ce document vous est connu, et je n'ai qu'à m'y référer pour vous mettre au courant des vues du Gouvernement de Sa Majesté. Quant aux instructions que recevront les délégués des différentes Puissances, le Cabinet Anglais pense qu'elles devraient être conçues en termes très-généraux. Les Commissaires européens auraient d'abord à s'assurer, auprès des délégués égyptiens, des imperfections du système actuel et à examiner les moyens proposés pour y porter remède. Ils auraient ensuite *à rechercher jusqu'à quel point sont fondées les plaintes du Gouvernement du Vice-Roi et à vérifier la possibilité pratique de l'organisation nouvelle qu'il désire substituer au présent état de choses.* Dans le cas où les mesures indiquées ne leur sembleraient pas satisfaisantes, les délégués signaleraient, collectivement ou séparément, les modifications qu'elles devraient recevoir. La discussion close, ils feraient connaître à leurs Gouvernements leur opinion sur les conclusions que la Commission internationale pourrait avoir adoptées, et il appartiendrait aux Gouvernements eux-mêmes *de les adopter, de les modifier, ou même de les rejeter entièrement.* Cette proposition nous a paru acceptable pour toutes les parties intéressées, car elle laisse à chacune l'entière liberté de présenter et de défendre ses appréciations. En réalité, le Gouvernement de l'Empereur a déjà fait son enquête, et elle est consignée dans le rapport de la Commission; mais nous ne nous refusons pas à recueillir, de concert avec les autres Puissances, un supplément d'informations sur les lieux mêmes. Le Vice-Roi, ayant demandé la réunion d'une Commisions internationale à Alexandrie, trouvera, dans notre adhésion à la proposition du Gouvernement de S. Majesté Britannique, un témoignage de plus de nos sentiments de bon vouloir envers lui, et il s'efforcera, de son côté, je l'espère, de faciliter une négociation non moins importante pour ses intérêts que pour ceux des nombreux étrangers dont le séjour en Égypte est une des conditions nécessaires de la prospérité de ce pays.

Signé : LA VALETTE.

Le Consul général de France à Alexandrie, au Ministre des affaires étrangères (Extrait.)

Alexandrie, le 19 mai 1869.

Monsieur le marquis, j'ai donné immédiatement connaissance au Vice-Roi, de la dépêche que vous m'avez fait l'honneur de m'écrire le 22 avril dernier et par laquelle vous m'annoncez l'adhésion du Gouvernement de l'Empereur à la proposition de réunir une commission internationale à Alexandrie pour s'occuper de la réforme judiciaire. Son Altesse a apprécié le nouveau témoignage des sentiments de bon vouloir que lui donne le Gouvernement de l'Empereur. Elle m'a prié d'en remercier Votre Excellence et m'a annoncé que la Commission serait convoquée sans doute pour le mois d'octobre prochain.

Veuillez agréer, etc.

Signé : POUJADE.

M. Tricou, gérant du Consulat général de France à Alexandrie, au Ministre des affaires étrangères. (Extrait.)

Alexandrie, le 19 juillet 1869.

M. le marquis, j'ai l'honneur de vous envoyer sous ce pli une circulaire que je reçois du Ministre des Affaires étrangères du Vice-Roi au sujet de la Commission qui doit se réunir à Alexandrie pour examiner la question de la réforme des tribunaux égyptiens. Le Gouvernement désirerait que cette Commission pût commencer ses travaux dans la seconde quinzaine d'octobre.

Veuillez agréer, etc.

Signé : TRICOU.

Le Ministre des affaires étrangères du Vice-Roi, au gérant du Consulat général de France à Alexandrie.

Alexandrie, le 1 juillet 1869.

Monsieur le Consul gérant, les Puissances auxquelles le Gouvernement de Son Altesse a soumis les observations que lui suggérait l'organisation actuelle de l'ordre judiciaire en Egypte se sont unanimement accordées à en reconnaître la justice et l'opportunité.

Le Gouvernement de S. M. l'Empereur ayant fait connaître à S. A. le Khédive qu'il prendrait part à une Commission composée des délégués des Puissances chargés d'examiner l'organisation judiciaire que propose le Gouvernement égyptien, je viens vous prier, M. le Gérant, de vouloir bien provoquer de la part de votre Gouvernement la nomination des Commissaires qui doivent le représenter dans la Commission.

Cette Commission se réunira au Caire dans la seconde quinzaine du mois d'octobre.

Il est de mon devoir de témoigner encore une fois, au nom de S. A. le Khédive, toute sa reconnaissance pour la détermination qu'a prise votre haut Gouvernement de prêter son concours à une œuvre de conciliation, de progrès et d'intérêt général. Son Altesse ne doute pas que les instructions données aux Commissaires ne soient conformes aux sentiments de bienveillance avec lesquels le

Gouvernement de S. M. l'Empereur a bien voulu accueillir ses propositions. Ce sont ces sentiments de bienveillance qui ont guidé et soutenu S. A. le Khédive dans la voie qu'il est résolu de suivre.

Le gérant du Consulat général de France à Alexandrie, à M. le prince de la Tour d'Auvergne, Ministre des Affaires étrangères.

Alexandrie, le 24 juillet 1869.

Prince, j'ai eu l'honneur, dans une récente dépêche, d'entretenir le Département des nombreuses difficultés que soulève la question de la municipalité d'Alexandrie. Comme Votre Excellence a pu s'en convaincre, les nouveaux règlements contiennent une série d'infractions aux capitulations et à la juridiction consulaire. Cependant le Gouvernement égyptien nous prévenait, à la date du 20, qu'ils allaient être mis en vigueur sous peu de jours. La colonie européenne devait s'émouvoir, à juste titre, d'une résolution que rien ne justifie et qui prête arbitrairement à de simples projets le caractère de règlements définitifs. Aussi, le corps consulaire a-t-il cru devoir se réunir d'urgence chez son doyen, M. Hale, Consul général des États-Unis d'Amérique, pour répondre officiellement à la prétention inattendue du Ministre des Affaires étrangères du Vice-roi. *Il a été décidé dans cette réunion que ces règlements, portant dans leur ensemble de profondes atteintes à la juridiction consulaire et aux usages existants,* ne pourraient être exécutés que du jour où ils auraient reçu la sanction expresse des Gouvernements étrangers, auxquels il en avait été référé du reste. Cette décision a été consignée dans un procès-verbal que mes collègues m'ont chargé de rédiger et dont je vous transmets une expédition. J'ose espérer qu'il obtiendra la haute approbation de Votre Excellence.

Veuillez agréer, etc.

Signé : TRICOU.

Procès-verbal de la déclaration du Corps consulaire à Alexandrie.

(24 juillet 1869).

Messieurs les Membres du Corps consulaire se sont réunis, aujourd'hui, 22 juillet 1869, chez M. Hale, Agent et Consul général des États-Unis d'Amérique, leur doyen, à l'effet d'examiner les règlements élaborés par la Commission municipale préparatoire, placée sous la présidence de M. Coluccibey, Commission dans laquelle les Consulats généraux n'étaient point représentés officiellement, MM. Calvert, Schwegel et Dobignie n'y figurant qu'à titre purement privé.

Après s'être fait donner lecture desdits règlements et de la lettre de M. le Ministre des Affaires étrangères du Vice-roi qui en consacre l'adoption, les Membres présents du Corps consulaire ont émis l'opinion que ces règlements portaient, dans leur ensemble, de profondes atteintes à la juridiction consulaire et aux usages existants.

Ils ont décidé, en outre, qu'en raison même des nombreuses infractions qu'ils renferment, ils ne sauraient être considérés que comme de simples projets qui, pour devenir règlements définitifs et exécutoires, devaient recevoir l'approbation expresse des Gouvernements étrangers auxquels il en a été référé.

Le Corps consulaire doit constater, en terminant, que, si quelques-uns de ses membres ont consenti à l'organisation provisoire d'une municipalité, ce n'a été, comme le prouvent leurs réserves formelles, qu'à titre de pur encouragement et dans le but de favoriser, en principe, une institution assurément fort utile en elle-même, mais qui, pour produire des fruits immédiats, doit se renfermer nécessairement dans les limites qui lui sont assignées par les traités. Dans ces termes et sous le bénéfice de ces réserves, les mêmes Membres sont toujours disposés, en ce qui les concerne, à désigner dès à présent, si le Gouvernement égyptien le désire, des délégués qui seraient appelés à élaborer de nouveaux projets de règlements municipaux, dont les dispositions devraient être en parfaite harmonie avec les capitulations et les principes actuels de la juridiction consulaire.

Le Corps consulaire prie M. Hale de vouloir bien transmettre le présent procès-verbal à M. le Ministre des Affaires étrangères du Vice-roi.

(*Suivent les signatures de tous les Consuls, sauf celle du Consul de Portugal, qui était absent*).

Le Ministre des Affaires étrangères, à M. le Vicomte de Contades, Chargé d'affaires de France à Londres.

Paris, le 29 juillet 1869.

Monsieur, le Gouvernement égyptien a fait savoir officiellement aux Agents des Puissances à Alexandrie que la Commission chargée d'examiner le projet de réforme d'organisation judiciaire de l'Égypte se réunirait au Caire dans la seconde quinzaine du mois d'octobre. Il les a priés, en même temps, de provoquer de la part de leurs Gouvernements la nomination des délégués qui doivent figurer au sein de la Commission. Nous avons accepté de participer à cette enquête internationale aux conditions sur lesquelles nous sommes tombés d'accord avec le Gouvernement britannique, et je prendrai, en temps opportun, les ordres de l'Empereur pour la désignation du Commissaire français.

Lord Clarendon aura reçu, ainsi que nous, les nouveaux règlements municipaux promulgués par le Gouvernement du Vice-roi pour la ville d'Alexandrie. Cette organisation a soulevé d'assez vives objections dans la colonie européenne, et, en ce qui le concerne, notre Consul général ne l'a provisoirement acceptée qu'en faisant des réserves. Nous aurons à nous prononcer ultérieurement à cet égard; mais la question touchant à la situation des étrangers qui habitent Alexandrie, elle me paraît avoir un lien avec la solution qui sera donnée à l'affaire des institutions judiciaires. Il y aurait donc lieu, ce me semble, de différer jusqu'à ce moment notre décision. Telle est du moins mon impression première, et j'attacherais de l'intérêt à connaître l'avis du Gouvernement anglais.

Signé : Prince DE LA TOUR D'AUVERGNE.

Le Chargé d'affaires de France à Londres, au Ministre des Affaires étrangères. (Extrait).

Londres, le 1er août 1869.

Prince, je ne sais si le Principal Secrétaire d'État avait eu déjà connaissance de la réponse à laquelle avait donné lieu de la part du Corps consulaire la promulgation des règlements municipaux pour la ville d'Alexandrie; mais il avait été informé des difficultés qui se rattachent à cette question, et l'avis ouvert par Votre Excellence, d'attendre, pour se rendre un compte plus exact de la situation des étrangers, que les travaux de la Commission de réforme judiciaire aient apporté de nouveaux éléments d'appréciation, lui a paru plein de sagesse.

Veuillez agréer, etc.

Signé : CONTADES.

Le Ministre des affaires étrangères, au Gérant du Consulat général de France à Alexandrie.

Paris, le 9 août 1869.

Monsieur, avant de répondre à la demande d'instructions que vous m'avez adressée au sujet des règlements municipaux élaborés pour la ville d'Alexandrie, je désirerais connaître, ainsi que je vous en ai prévenu, la manière de voir des autres Cabinets intéressés au même titre que nous dans cette question. Je me suis donc empressé, en informant notre Chargé d'affaires à Londres de la décision du Corps consulaire et de l'impression qui résultait pour nous à première vue de l'état des choses, de l'inviter à pressentir les dispositions du Gouvernement anglais. J'apprends, par la réponse de M. le Vicomte de Contades, que Lord Clarendon partage notre avis sur la nécessité d'attendre les nouveaux éléments d'appréciation que nous devons trouver dans le travail de la Commission internationale pour la juridiction consulaire. Les deux questions, en effet, sont évidemment liées, et puisque les différentes Cours ont accepté la proposition d'ouvrir une enquête sur la condition de leurs nationaux résidant en Égypte, jusqu'à ce qu'on en connaisse les résultats il est naturel qu'elles diffèrent de se prononcer sur la situation des étrangers au point de vue des règlements municipaux. Nous ne croyons donc pas que le moment soit venu de faire connaître notre avis sur ces règlements, et jusque-là, nous ne pouvons que maintenir toutes les réserves faites par le Consulat général. C'est en ce sens que vous êtes autorisé à répondre au Gouvernement égyptien. Vous voudrez bien toutefois procéder de concert avec vos collègues et ne faire aucune démarche sans vous être entendu avec eux.

Recevez, etc.

Signé : Prince DE LA TOUR D'AUVERFNE.

Le Ministre des Affaires étrangères, à M. le Marquis de La Valette, Ambassadeur de France à Londres.

(Extrait).

Paris, le 7 août 1869.

Monsieur le Marquis, dans le dernier entretien qu'il a eu avec M. de Contades, Lord Clarendon a fait une observation à laquelle je m'associe pleinement. Le Principal Secrétaire d'État a pensé qu'il serait conveubale de faire auprès de la Porte, et avant la réunion de la Commission internationale à Alexandrie, une démarche de courtoisie qui aurait pour but de préciser le caractère et les limites de la tâche tracée aux Commissaires. J'ai eu l'occasion de parler de cette suggestion avec Lord Lyons, et je lui ai dit que je l'approuvais pleinement. Il y a lieu en effet de dire au Gouvernement ottoman que cette Commission est uniquement chargée d'étudier sur place la valeur des propositions faites par le Vice-roi pour la réforme des institutions judiciaires; qu'il s'agit simplement d'une enquête n'engageant en rien la liberté d'action des Cabinets; que, par conséquent, les délégués n'ont pas mission d'élaborer un arrangement définitif en dehors de la Turquie, et qu'enfin l'intention des Puissances ne saurait être de porter la moindre atteinte aux intérêts et aux droits du Sultan dans cette question. Pour notre part, nous sommes disposés à donner en temps opportun à la Porte cette assurance formelle, et je me félicite de me trouver d'accord à ce sujet avec Lord Clarendon.

Agréez, etc.

Signé : Prince DE LA TOUR D'AUVERGNE.

Le Ministre des affaires étrangères, à l'Ambassadeur de France à Londres.

Paris, le 9 août 1869.

Monsieur le Marquis, dans la dépêche que j'ai eu l'honneur de vous adresser le 7 de ce mois, je rappelais l'observation faite par Lord Clarendon à M. le Vicomte de Contades à propos de la réunion prochaine à Alexandrie de la Commission internationale chargée d'ouvrir une enquête sur la juridiction consulaire en Égypte. Le Principal Secrétaire d'État était d'avis de faire auprès du Gouvernement ottoman une démarche de courtoisie ayant pour but d'apaiser ses susceptibilités à l'endroit de la négociation engagée entre le Vice-roi et les Puissances. Je vous ai dit que je m'associais entièrement à cette suggestion, et je vous ai fait connaître comment je comprenais le langage que nous avions à tenir dans cette circonstance. Depuis son entretien avec M. de Contades, Lord Clarendon a préparé de son côté le projet de dépêche ci-joint qu'il se propose d'adresser à M. Elliot et qu'il m'a fait remettre par M. l'Ambassadeur d'Angleterre. Ce document répond complétement dans ses conclusions à la pensée que je vous ai moi-même exprimée. Je n'ai donc aucune objection à charger M. Bourée de faire une communication analogue à la Porte, et je compte lui expédier mes instructions à ce sujet par le prochain courrier de Constantinople.

Agréez, etc.

Signé : Prince DE LA TOUR D'AUVERGNE.

Le Comte de Clarendon, à M. Elliot, Ambassadeur de France à Constantinople. (Traduction.)

Août 1869.

Par sa dépêche circulaire du 25 octobre 1867, Lord Stanley vous a recommandé de communiquer à la Porte les vues du Gouvernement de Sa Majesté sur la proposition du Gouvernement égyptien tendant à obtenir l'assentiment des Puissances à une modification dans le système de procédure judiciaire applicable aux étrangers en Égypte dans leurs rapports avec les autorités et les habitants de ce pays, et vous savez ce qui s'est passé depuis à ce sujet.

La communication faite par Votre Excellence, des vues du Gouvernement de Sa Majesté touchant cette proposition, n'a rencontré de la part de la Porte aucune objection jusqu'au mois d'avril dernier, époque à laquelle l'Ambassadeur de Turquie à Londres m'a remis un télégramme de son Gouvernement, réservant les droits de la Porte à protester contre le résultat de toute enquête instituée dans le but d'inaugurer en Égypte des améliorations dans l'administration de la justice. Votre Excellence se rappellera que j'ai déclaré à Musurus Pacha, en réponse à sa communication, que l'objet de cette enquête était simplement de constater s'il était possible de consentir à l'établissement, en Égypte, d'un système amélioré de procédure judiciaire qui éloignerait les abus du système actuel et garantirait aux étrangers comme aux indigènes que leurs causes seraient dûment entendues et jugées, et je lui ai dit que le Gouvernement anglais ne voyait pas, dans cette mesure, ce qui pouvait provoquer des protestations ou des réserves de la part de la Porte.

En même temps, j'ai prévenu l'Ambassadeur ottoman que rien n'était plus contraire aux désirs ou aux intentions du Gouvernement de la Reine, que de prendre l'initiative d'aucune mesure qui pourrait raisonnablement être considérée comme un empiétement sur les droits du Sultan sur l'Égypte.

Le 1er mai, j'ai reçu une dépêche de Musurus Pacha, dont je vous ai envoyé copie. Il résulte de cette communication que la Porte, tout en admettant les abus existant en Égypte, considérait que le remède à y apporter consistait à faire exécuter les capitulations en Égypte de la même façon que dant l'Empire turc; mais que si l'objet de l'enquête proposée était d'introduire dans l'Égypte un système judiciaire s'éloignant des capitulations, la Porte ne voyait pas pourquoi ce système serait exceptionnel pour ce qui regarde l'Égypte, et ne ferait pas le sujet d'une négociation directe entre la Porte et les Gouvernements étrangers.

Sur ce terrain, la Porte déclarait que tout acte, arrangement ou décision tendant à placer l'Égypte dans une situation différente de celle qui résulte des firmans en vigueur, serait accueilli par une protestation de sa part, et elle exprimait la conviction qu'aucun acte d'un caractère international ne serait conclu, entre l'Égypte et les Puissances, sans le concours et sans la ratification du Sultan.

Votre Excellence a appris qu'une semblable communication avait été faite au Gouvernement français par l'Ambassadeur de Turquie à Paris, et que Son Excellence avait fait observer que la Porte avait le droit d'inviter les Représentants des Puissances à se concerter à Constantinople sur la question des réformes à introduire dans les capitulations sur toute l'étendue de l'Empire ottoman. En me référant à cette communication, j'ai autorisé Votre Excellence à déclarer que les Gouvernements français et anglais s'accordaient à mettre en doute l'opportunité du moment choisi par la Porte pour exercer son droit de faire prévaloir une pareille combinaison, et à recommander au Gouvernement turc de s'occuper des améliorations qui auraient pour effet de rendre facile une modification des capitulations, plutôt que de susciter de l'opposition en agitant la question immédiatement. Quant à la protestation que le grand Vizir a adressée à Votre Excellence, le 29 avril, contre la possibilité d'admettre que des capitulations qui avaient été conclues par le Souverain pussent être modifiées par un accord direct avec le vassal, j'ai encore expliqué à Votre Excellence, dans ma dépêche du 18 mai, que l'enquête projetée a pour but de s'assuser de l'étendue d'abus notoires et d'y suggérer des remèdes, mais qu'aucun Gouvernement de S. M. britannique n'a nullement l'intention de diminuer le pouvoir suzerain du Sultan. Le Gouvernement de S. M. britannique a été heureux d'apprendre par la dépêche de Votre Excellence, du 30 mai, que le Grand-Vizir était très-satisfait de cette explication, et avait dit que, dans les limites indiquées, la Porte n'avait aucune objection à faire contre l'enquête projetée. Toutefois Son Altesse ajoutait que, si l'on avait l'intention de s'entendre directement avec le Vice-roi sur les remèdes à appliquer, un tel procédé serait considéré comme portant atteinte à l'autorité du Sultan.

Après vous avoir rappelé les explications qui ont été échangées entre le Gouvernement de S. M. britannique et la Porte sur ce sujet, il me reste à faire connaître à Votre Excellence que la Commission d'enquête devra se réunir à Alexandrie dans le courant d'octobre prochain et que le Gouvernement de Sa Majesté ne veut pas perdre de temps pour assurer la Porte que, en ce qui le concerne, les droits du Sultan seront soigneusement respectés et que de son côté aucune mesure ne sera prise pour mettre à effet les recommandations de la Commission, sans qu'il y ait eu entente préalable avec la Porte. J'ai une grande satisfaction à pouvoir ajouter qu'il existe une parfaite communauté de vues à ce sujet entre les

Gouvernements de France et d'Angleterre, et que j'ai lieu de croire que l'Ambassadeur de France à Constantinople sera chargé de faire une semblable communication à la Porte ottomane.

Signé : CLARENDON.

Le Ministre des Affaires étrangères à M. Bourée, Ambassadeur de France à Constantinople.

Paris, 12 août 1869.

Monsieur, les pourparlers qui se sont engagés il y a deux ans, à pareille époque, entre le Vice-roi et les Puissances, au sujet de l'organisation judiciaire en Égypte, ont abouti à une proposition d'enquête qui a réuni l'assentiment de tous les Cabinets. Les détails de cette négociation ont été connus du Gouvernement ottoman, et il n'en a fait l'objet d'aucune observation jusqu'au mois d'avril dernier. A ce moment, toutefois, il a manifesté certaines appréhensions sur la portée de l'entente intervenue et il se montrait même disposé à formuler des protestations et des réserves. Aali-pacha semblait croire que les Puissances poursuivaient, d'accord avec le Vice-roi, un changement au régime des capitulations, et que l'enquête qui doit s'ouvrir à Alexandrie aurait pour but de consacrer un accord définitif en dehors de la participation du Gouvernement ottoman.

Mon prédécesseur, dans ses entretiens avec Djémil-pacha, s'est attaché à établir que telle n'était pas la pensée du Gouvernement de l'Empereur. Entre le Vice-roi et nous, il ne s'est jamais agi de modifier les capitulations, et ce n'est pas ainsi, en effet, que la question se présente pour l'Égypte. Par suite de circonstances particulières à ce pays, la situation des étrangers, sous le rapport de la juridiction, n'y est pas la même que dans la généralité des autres provinces de l'Empire ottoman. Nos nationaux y jouissent dans les causes mixtes, de priviléges particuliers, et le désir du Vice-roi, tel, du moins, qu'il l'a formulé dans ses communications avec nous, serait non pas de réformer les capitulations conclues entre les Puissances et la Turquie, mais de revenir à leur texte primitif. La négociation porte donc, non pas sur les capitulations, mais sur les usages dont nous jugeons le maintien nécessaire pour la sécurité de nos nationaux, à moins que nous n'obtenions, pour prix de notre renonciation, des garanties équivalentes. La question, je le répète, n'a pas un caractère général. Elle est essentiellement particulière à l'Égypte : d'ailleurs il ne s'agit pas, même en ce moment, de la décider. L'enquête a pour but unique d'examiner les observations présentées par le Vice-roi, de reconnaître si les abus de la juridiction consulaire sont tels que l'affirme leGouvernement égyptie n, s'ils font réellement obstacle à l'organisation d'une bonne justice, et si le Vice-roi, en nous demandant de renoncer à quelques-uns des priviléges assurés à nos Consuls en dehors des capitulations, est en état de constituer des tribunaux offrant de suffisantes garanties pour nos nationaux. J'ajouterai que cette enquête ne doit pas lier les Cabinets; qu'ils n'ont voulu, en s'y prêtant, que s'éclairer eux-mêmes, sans renoncer à leur complète liberté d'appréciation, et que, par conséquent, les délégués sont chargés, non pas de la négociation d'un acte diplomatique avec le Vice-roi, mais simplement des études nécessaires pour rechercher les éléments de l'accord qui interviendra plus tard et dont nous ne songeons nullement à poursuivre la réalisation en dehors du Gouvernement Turc.

Une communication récente du Ministère Égyptien aux Agents étrangers à Alexandrie convoque la Commission pour la seconde quinzaine d'octobre. Nous avons répondu que nous étions décidés à nous faire représenter ; mais, avant que l'enquête commence, nous avons tenu à exposer à la Porte comment nous envisageons la mission assignée aux délégués des Puissances. Je vous autorise, en développant ces explications au Grand-vizir, à lui donner l'assurance que notre intention n'est nullement de nous prêter à une combinaison quelconque pouvant porter atteinte aux intérêts ou aux droits du sultan.

Agréez, etc.

Signé : prince DE LA TOUR D'AUVERGNE.

Le ministre des affaires étrangères à MM. Tricou et Piétri, Commissaires du Gouvernement de l'Empereur à Alexandrie.

Paris, le 6 octobre 1869.

Messieurs, au moment où la commission internationale dont vous faites partie va aborder la tâche qui lui est confiée, je crois utile de vous rappeler le point de vue que le Gouvernement de l'Empereur a adopté dans l'examen de la question que vous avez à étudier en détail, et je tiens également à bien préciser le véritable caractère ainsi que le but essentiel de l'enquête à laquelle vous participerez.

Vous connaissez les propositions dont le Gouvernement égyptien a pris l'initiative, il y a environ deux ans, auprès des principales Puissances européennes. Dans une note adressée au Vice-roi, et qui a servi de point de départ à ses démarches ultérieures, le Ministre des Affaires étrangères de Son Altesse signalait les inconvénients résultant, selon lui, du système actuellement en vigueur en Égypte et indiquait en même temps les mesures qui lui semblaient les plus propres à y remédier.

Les propositions formulées par le Gouvernement du Vice-roi ont été, comme vous le savez, de la part de mon Département, l'objet de l'examen le plus sérieux. Une Commission spéciale instituée à cet effet au Ministère des Affaires étrangères a consigné le résultat de ses travaux dans le rapport dont vous trouverez un exemplaire ci-annexé.

Je n'ai pas à reproduire ici les conclusions de ce travail, dont la simple analyse dépasserait le cadre des instructions générales que je me propose de vous tracer. Mais, en me bornant à les signaler à votre attention, je ne saurais trop insister sur l'importance que nous y attachons et sur l'utilité que vous pouvez en retirer pour vos propres études. Le rapport de la Commission n'est pas seulement l'expression de la pensée du Gouvernement de l'Empereur sur les différentes questions que soulèvent les demandes de Son Altesse Ismaïl-Pacha; *il constitue, en outre, à nos yeux comme à ceux des autres Puissances, le point de départ de l'enquête provoquée par le Vice-Roi. C'est uniquement à cette condition*, en effet, que nous avons consenti à nous faire représenter à Alexandrie et les Cabinets auxquels nous avons communiqué le travail de la Commission française l'ont admis dans son ensemble, comme pouvant fournir une base utile aux travaux des délégués européens.

D'accord sur le point de vue auquel devront se placer leurs représentants, les Puissances se sont également entendues sur la marche qu'il conviendra de suivre dans l'enquête même. Conformément au programme indiqué par le Cabinet de Londres, les Commissaires européens devront tout d'abord faire préciser par les délégués égyptiens les imperfections que le Gouvernement du Vice-roi constate dans le système judiciaire actuel, ainsi que les réformes dont il suggère l'adoption. Ils auront ensuite à examiner jusqu'à quel point peuvent être fondés les griefs articulés contre le présent état de choses, et à rechercher si les mesures recommandées par le Vice-roi offrent, dans la pratique, les garanties que les Puissances ont le droit d'exiger. Dans le cas où les propositions égyptiennes ne présenteraient pas ce caractère, les Commissaires européens auraient à signaler, soit individuellement, soit collectivement, les améliorations qui pourraient y être introduites.

Parvenus au terme de cette enquête contradictoire, les délégué se borneront à faire connaître à leurs Gouvernements respectifs leurs avis motivés sur les conclusions de la Commission. L'enquête, en un mot, gardera le caractère purement consultatif qui lui a été assigné tout d'abord, et les Puissances représentées à Alexandrie se réservent expressément le droit d'*accepter*, *de modifier*, *ou même de rejeter complètement les propositionz que la Commission internationale sera dans le cas de formuler.*

Si générales qu'elles soient, ces indications suffiraient à la rigueur, et de plus amples détails sont d'autant moins nécessaires que la Commission française, en adoptant un mode de procéder analogue à celui que se proposent de suivre les Puissances, a plus complétement élucidé les différents points de fait et de droit dont leurs représentants auront à s'occuper.

D'une part, les capitulations, c'est-à-dire l'ensemble des règles qui régissent les rapports des Puissances chrétiennes avec la Porte, ne se réduisent pas à la lettre des traités primitifs ; elles comprennent encore toute une jurisprudence internationale qui a développé ces traités, toute une série de dispositions complémentaires conçues dans le même esprit, conseillées par l'expérience, reconnues nécessaires, admises d'un commun accord, consacrées par l'usage et garanties enfin par les plus récentes conventions.

D'autre part, l'Égypte se trouve dans des conditions particulières qui ont motivé un système de garanties spéciales. Les dispositions qui y sont appliquées ont leur raison d'être dans les circonstances exceptionnelles qui la justifiaient à l'époque où elles ont été prises, et qui n'ont pas cessé d'exister. En droit, les capitulations ne sont autre chose, en ce qui concerne l'Égypte, que l'ensemble des dispositions spéciales jugées indispensables et acceptées comme telles par les prédécesseurs de S. A. Ismaïl-Pacha. Il n'y a donc point d'assimilation complète en matière de juridiction entre l'Égypte et les provinces de l'Empire Ottoman ; et lorsque le Gouvernement du Vice-roi parle de revenir aux capitulations telles qu'elles sont observées en Turquie, il demande en réalité le bénéfice d'un régime différent de celui qui a prévalu en Égypte et cherche à se dégager des obligations résultant pour lui du système pratiqué jusqu'à ce jour dans ce pays.

J'ai tenu à établir la distinction qui existe entre deux ordres de choses que le Gouvernement égyptien paraît confondre, car elle est à nos yeux d'une importance majeure, non-seulement au point de vue de la vérité des faits, mais en raison des conséquences qui en découlent.

De cette différence bien constatée entre la situation de l'Égypte et celle des autres provinces ottomanes, il résulte, en effet, que nous ne pouvons nous dessaisir des garanties spéciales auxquelles j'ai fait allusion, sans modifier le droit conventionnel qui règle les rapports des Puissances chrétiennes avec la Porte. Les capitulations, telles qu'elles sont comprises dans l'Empire Ottoman, restent en dehors de toute discussion ; le Gouvernement Turc n'a pas à s'inquiéter de réformes éventuelles qui ne modifieraient en rien l'état de choses consacré dans ses relations avec les Cours Européennes ; nous n'avons pas à nous préoccuper nous-mêmes, au point de vue de ces relations, des conséquences résultant de concessions qui laisseraient encore intacts les priviléges dont nous jouissons en Turquie.

Le principe des capitulations, en un mot, ne reçoit aucune atteinte, et la seule question qui se pose pour les Puissances chrétiennes est celle de savoir jusqu'à quel point il leur est possible de renoncer aux garanties exceptionnelles qu'elles possèdent actuellement en Égypte.

Tel était le but que s'était proposé d'atteindre la Commission instituée par les soins de mon Département ; tel est encore l'objet de l'enquête qui va se poursuivre à Alexandrie. Sans vouloir préjuger les résultats de cette nouvelle étude, il nous est permis, je crois, de supposer que les conclusions auxquelles s'arrêteront les délégués des Puissances différeront peu de celles qu'a formulées naguère la Commission française. Les réformes indiquées dans le rapport auquel vous devez constamment vous rapporter constituent, en effet, dans notre opinion, des concessions importantes dictées par un sincère désir de satisfaire, autant que possible, aux vœux du Gouvernement du Vice-roi ; et il *est une limite qu'on ne saurait dépasser sans compromettre également les intérêts européens engagés en Égypte, et ceux de l'Égypte elle-même*, si intimement rattachée désormais au mouvement commercial du monde.

Recevez, etc.

Signé : Prince DE LA TOUR D'AUVERGNE.

PÉTITIONS DES COLONIES

Pétition de la Colonie anglaise

Le rapport de la Commission française fut communiqué aux diverses puissances, notamment à l'Angleterre.

Les négociants britanniques, établis en Égypte, s'étaient préoccupés également de la question. Ils avaient fait parvenir à lord Stanley, premier secrétaire d'état de Sa Majesté, pour les affaires étrangères, l'adresse suivante :

« Le mémoire des soussignés et négociants britanniques, établis en Égypte, a pour objet d'exposer :

« Que les soussignés ont appris que le Gouvernement du Vice-Roi d'Égypte a soumis au Gouvernement de Sa Majesté une proposition tendant à abolir la juridiction des Cours consulaires en Égypte, en leur substituant un tribunal mixte, composé de juges indigènes et européens, conformément à un projet qui devrait être arrêté entre le Gouvernement égyptien et les Gouvernements chrétiens de l'Europe.

« Les exposants savent par une longue expérience, qui, pour quelques-uns d'entre eux, date d'un demi-siècle, que l'administration de la justice par les tribuaux locaux dans les causes civiles, est aussi mauvaise qu'on le puisse imaginer.

« Ils sont profondément émus du changement qui menace les intérêts des négociants britanniques, placés actuellement sous la protection d'un magistrat indépendant comme juge spécial à la Cour consulaire britannique.

« A ce sujet, les exposants prennent la liberté d'exprimer de la manière la plus formelle leur conviction profonde sur ce point que la sécurité et la protection de leurs intérêts, protection dont ils jouissent actuellement devant la Cour consulaire britannique, ne pourraient être obtenues dans les causes les concernant, si ces causes devaient être déférées à un tribunal, à la moindre influence du Gouvernement local.

« Indépendamment des obstacles religieux qui s'opposent à ce qu'un mahométan ou un tribunal dans lequel prévaut l'influence mahométante puisse considérer un chrétien et un musulman comme étant sur le pied d'une parfaite égalité, obstacles qui on déterminé les états chrétiens à insister pour se réserver la juridiction dans les procès concernant leurs propres sujets résidant dans les pays musulmans, il existe pour l'Égypte des difficnltés particulières qui s'opposent à l'impartialité et à l'indépendance du pouvoir judiciaire.

« Le Vice-Roi est maître absolu dans ses états; il est aussi le plus grand propriétaire, le plus grand spéculateur et négociant de l'Égypte, et les intérêts colossaux qui, à divers titres, aboutissent à sa personne, doivent naturellement avoir pour effet de lui donner directement ou indirectement un intérêt personnel dans un grand nombre de causes commerciales qui seraient soumises au tribunal mixte que l'on propose d'établir.

« Il est inutile de dire que, dans de telles causes, un simple particulier, quand même le droit serait de son côté, n'aurait aucune chance d'obtenir une décision juste et impartiale en face de l'écrasante influence qui se dresserait devant lui.

« Qu'en raison de cette alliance anormale dans la personne du Vice-Roi, du pouvoir despotique gouvernemental et des intérêts gigantesques du particulier trafiquant, il est impossible que, dans ce pays, aucun tribunal puisse offrir une garantie suffisante pour l'administration impartiale de la justice dans les affaires commerciales.

« La Cour consulaire britannique possède cette indépendance et, par suite, l'entière confiance des exposants.

« Par ces motifs, les exposants viennent supplier Votre Seigneurie de n'admettre aucune proposition ayant pour objet l'abolition des Cours consulaires britanniques en Égypte, afin de ne pas enlever aux exposants l'avantage dont ils jouissent actuellement dans leurs transactions commerciales, celui d'une équitable administration de la justice, et de ne pas les priver de la faculté de recourir à un juge impartial et indépendant, guidé dans ses décisions par les principes des lois commerciales anglaises, pour les livrer, par la suppression d'une juridiction tutélaire, à la merci d'un tribunal dans lequel ils n'ont aucune confiance. »

(*Suivent les signatures*).

. . . .

. . . .

La lecture de ce document démontre suffisamment que ce n'est pas du côté de la France que venait la plus solide opposition, et peut faire pressentir l'accueil qui sera fait par la diplomatie britannique au projet du vice-roi.

Tandis que la France fait, dès le premier jour, un accueil bienveillant aux propositions du Vice-Roi, en disant immédiatement ce qu'elle croit pouvoir être fait dans l'intérêt bien entendu de l'Égypte et de ses résidents européens, l'Angleterre se tient au contraire dans une extrême réserve, et ce n'est qu'en 1869 que le cabinet de Londres fait connaître sa manière de voir.

Pétition de la colonie italienne d'Égypte.

(TRADUCTION DE L'ITALIEN).

Les soussignés exposent :

Que, depuis plusieurs années, caressant l'idée de parvenir à l'abrogation des capitulations qui assurent aux Européens certains priviléges, le gouvernement égyptien essaie, par tous les moyens, de tromper l'opinion publique sur le véritable état de civilisation auquel il est parvenu et sur le but qu'il veut atteindre par l'abrogation de ces capitulations.

Que si, en effet, le gouvernement égyptien n'avait, par la prétendue réforme judiciaire, d'autre but que la sage administration de la justice, il aurait avant tout commencé à réformer ses propres tribunaux où les principes les plus élémentaires de justice sont ignorés, et, qu'en outre il aurait dû donner les preuves de son intention de remplacer l'ancien système de gouvernement par un nouveau, exclusivement basé sur la civilisation.

Que rien de tout cela n'a été fait, et qu'au contraire, si l'on considère bien l'administration égyptienne, si l'on fait attention au genre de justice qui est rendue par ses tribunaux ou plutôt par des embryons de tribunaux, si l'on jette les yeux sur l'avorton de projet (aborta) de Nubar-Pacha qui n'offre aucune garantie et qui est une véritable mystification, on devra se convaincre que la prétendue réforme, telle qu'elle a été rêvée par le gouvernement égyptien, ne produirait d'autre effet que la ruine irrémédiable de toutes les colonies, en les laissant désarmées, au gré du caprice de l'arbitraire et du despotisme le plus effréné, en les réduisant à l'état de misère des sujets indigènes.

Que le gouvernement égyptien a notifié par des circulaires à tous les consuls généraux des représentations étrangères, qu'il a décrété la mise en vigueur pour les Européens de différentes taxes personnelles, lesquelles se trouvent contraires aux dispositions des capitulations, d'où il suit qu'on veut détruire celles-ci avant même que le consentement des puissances signataires soit donné.

Que l'on a vu jusqu'à ce jour avec une grande et légitime surprise que le gouvernement de S. M. le roi d'Italie s'est montré le plus empressé à se rendre au désir du gouvernement égyptien, et qu'on ne peut en donner d'autre cause que l'ignorance où il se trouve sur le véritable état de ce pays.

Que si, en effet, les capitulations ont été signées par tous les états européens, la cause en est le complet état de barbarie où se trouvent les États ottomans et l'impossibilité de laisser les États de l'Europe savante et civilisée sous de pareils gouvernements; que pour détruire ces capitulations il faut que le gouvernement égyptien prouve que l'état de choses qui les avait fait naître a complétement cessé, ce qui n'est pas vrai, ce que la moindre recherche suffirait à prouver, eu égard à l'état de misère et d'esclavage où se trouvent les indigènes.

Qu'il résulte de tout ceci que le gonvernement égyptien n'a jamais eu d'autre but que l'abrogation pure et simple des capitulations, sans rien réformer, sans donner aucune garantie, et à seule fin d'obtenir la domination absolue sur les Européens et de pouvoir les charger d'impôts tout à son aise, ce que le moindre examen du projet actuel de réforme peut montrer jusqu'à l'évidence, et dans lequel on a fait tout le possible pour avoir, dans les tribunaux, des hommes asservis au Vice-Roi, qui doit les payer.

Qu'il faut inférer de tout ceci que le gouvernement italien ne doit pas être entièrement édifié sur ce qui se passe, et c'est malheureusement le cas, qu'il doit en adresser des reproches à son représentant en Egypte, qui, il faut le dire, abaisse la dignité du pays qu'il représente, en faisant preuve d'une déférence toujours croissante envers les prétentions du gouvernement du Khédive, en refusant toute protection à ses nationaux, en permettant enfin que les plaintes les plus fondées et en même temps les plus offensantes soient adressées pour ces raisons au gouvernement italien.

Pour ces motifs :

Les soussignés font instance auprès de l'honorable chambre du royaume pour qu'à la suite des faits énoncés ci-dessus, elle veuille nommer une commission d'enquête qui ait mission :

1° De s'informer en dehors du consulat d'Italie en interpellant non-seulement la colonie italienne, mais aussi les représentants des colonies étrangères, à l'effet de constater quelle est la conduite de l'autorité consulaire en Egypte et si elle est conforme à la dignité et aux intérêts nationaux.

2° D'examiner si l'on peut accorder au gouvernement égyptien la réforme judiciaire demandée et sur quelles bases et garanties elle doit être appuyée.

3° D'examiner si le gouvernement égyptien peut décréter des taxes personnelles à la charge des sujets italiens avant que les capitulations soient abrogées, et examiner s'il y a lieu de consentir à cette abrogation en présence du véritable degré de civilisation de ce gouvernement.

Confiants en la justice des représentants de la nation, ils se disent :

Très-dévoués.

Alexandrie (Egypte), mai 1874.

Cette pétition couverte de près de deux mille signatures a été adressée à la chambre des députés d'Italie.

(Journal « *Le Nil* » du 12 mai 1874).

Pétition des avocats italiens d'Alexandrie

A MONSIEUR LE PRÉSIDENT, ET A MM. LES DÉPUTÉS DU PARLEMENT ITALIEN, A ROME.

Les soussignés, citoyens italiens, avocats de profession, exerçant à Alexandrie (Egypte), font connaître à la représentation nationale :

1° Que le projet de réforme judiciaire attaque les privilèges sanctionnés par les capitulations et les traités et qu'il ne répond pas à l'état de civilisation et d'instruction de l'Egypte. S'il était mis à exécution tel qu'il a été conçu, il produirait un effet contraire à celui qui en était attendu. Les Européens subiraient de graves dommages dans leurs intérêts.

2° Que les nouvelles taxes sont absolument contraires aux capitulations et aux traités, elles ne peuvent par conséquent pas être appliquées aux Européens tant que les gouvernements de ces derniers n'auront pas consenti aux modifications correspondantes dans lesdits traités et capitulations.

3° Que de nombreux procès, justes et intéressants, de sujets italiens contre le gouvernement Egyptien, les administrations des princes et des indigènes sont en suspens depuis longtemps, et ne reçoivent pas la solution réclamée par l'équité et la justice.

4° Que malheureusement, depuis longtemps, l'influence morale et politique de la colonie italienne en Egypte — jadis si flatteuse pour notre pays — perd journellement de sa force et menace de disparaître complétement.

Pour ces motifs, ils font appel :

Afin que la Chambre des députés ordonne l'envoi de la présente pétition aux ministères respectifs, en leur désignant les mesures à prendre et leur recommandant qu'elles soient prises immédiatement.

Ont signé : GATTESCHI ; PETROCCHI ; VÉRITA ; SEMIIANI ; RICCIARDI ; LEVI ; JACOBI ; VENCINI ; ERRERA ; VESSIM ; LODOLI ; PUERARI ; NINCI.

(Extrait du journal *Le Nil*, du 12 mai 1874.

ASSEMBLÉE NATIONALE

SÉANCE DU MERCREDI 16 DÉCEMBRE 1874

(*Journal officiel* du 17)

M. LE PRÉSIDENT. L'ordre du jour appelle les rapports des commissions de pétitions.

La parole est à M. de Plœuc.

M. LE MARQUIS DE PLŒUC, 1er *rapporteur*. — 5496. — Le sieur Tibal, ancien contrôleur principal, en retraite, à Menat (Puy-de-Dôme), soumet à l'Assemblée nationale un ensemble de réformes tendant à assurer une meilleure répartition de l'impôt personnel et mobilier.

La commission propose l'ordre du jour.

M. LANGLOIS. Il faudrait savoir quelles sont ces réformes ?

M. LE RAPPORTEUR. Si vous le désirez, je vous donnerai lecture du rapport de la commission, je ne demande pas mieux. Mais je crois qu'il me suffit de déclarer qu'elle a été unanime à proposer l'ordre du jour.

M. LE PRÉSIDENT. Je consulte l'Assemblée sur les conclusions de la commission.

(Les conclusions de la commission sont mises aux voix et adoptées.)

M. LE RAPPORTEUR, *continuant*. — 5590. — Des Français résidant à Alexandrie (Égypte) appellent l'attention de l'Assemblée nationale sur les tentatives du gouvernement égyptien pour changer l'ordre actuel des juridictions et enlever ainsi aux Européens les garanties dont ils jouissent. Vu l'importance de cette pétition, je vous demande la permission de vous en donner connaissance, avant de vous lire le rapport qui a été approuvé par la commission. (Oui ! oui ! — Lisez !)

« *A Monsieur le président, à Messieurs les membres de l'Assemblée nationale, à Versailles.*

« Nous soussignés, citoyens français, domiciliés à Alexandrie, avons l'honneur de vous exposer ce qui suit :

« Depuis plusieurs années déjà, la colonie française s'inquiète des tentatives faites par le gouvernement égyptien pour changer l'ordre actuel des juridictions et enlever ainsi aux Européens les garanties dont ils jouissent.

« Cette inquiétude est d'autant plus vive aujourd'hui, que ces projets, déjà discutés une première fois au Caire sans qu'on ait consulté les colons dont l'intérêt est en jeu, sont repris de nouveau loin de nous et sans que nous puissions même savoir dans quelles conditions on veut les réaliser.

« Mais nous connaissons le principe de la réforme que propose le gouvernement égyptien, et il suffit pour créer un danger que nulle garantie accessoire ne pourrait écarter. » (Très-bien ! très-bien !)

« Les Européens sont en effet justiciables aujourd'hui de leurs tribunaux ; on ne peut les atteindre, en première instance, que devant leurs juridictions consulaires respectives, et, en appel, que devant les cours de justice de leur pays.

« Cet état de choses, conforme au principe des juridictions personnelles que les différences de races et de religion ont toujours fait prévaloir en Orient, n'a rien qui puisse blesser ni les idées ni les mœurs des indigènes, et son application en Égypte, en garantissant aux Européens une sécurité absolue, a été pour tous un véritable gage de prospérité. » (Très-bien ! très-bien !)

« C'est ce que le gouvernement égyptien veut changer aujourd'hui. Il veut que désormais les Européens puissent, au civil comme au criminel, être cités devant les tribunaux égyptiens, institués par lui et composés en partie de juges indigènes, en partie de juges européens.

« Nous espérons que les gouvernements de l'Europe auront déjà écarté cette prétention pour ce qui concerne la justice criminelle ; ils n'auront pas voulu livrer la vie et l'honneur de leurs nationaux aux hasards d'une pareille expérience.

« Mais, même en matière civile et commerciale, il est facile de voir que, malgré toutes les précautions, les futurs tribunaux ne présenteront jamais aux intérêts qu'on veut leur confier des garanties suffisantes. Il faudrait, en effet, pour cela, qu'on pût changer le caractère même de la population indigène et du gouvernement.

« Nous constatons encore tous les jours quelle puissance exerce sur les esprits l'autorité de la religion musulmane et les sentiments d'hostilité contre les chrétiens, qui sont dans son essence et qui ont à l'origine nécessité les capitulations. Sauf quelques dehors trompeurs qui ne peuvent faire illusion à ceux qui résident dans ce pays, rien n'est encore changé à cet égard, et on ne peut jamais soustraire à cette influence les membres indigènes des futurs tribunaux dont le Coran sera toujours la loi suprême.

« Ils ne pourront jamais, d'autre part, avoir vis-à-vis de leur gouvernement l'indépendance nécessaire pour rendre la justice.

« L'inamovibilité, qui ne pourra d'ailleurs pas être appliquée dans la période d'essai, laissera toujours à ce gouvernement trop de moyens d'action sur les juges restés des sujets, pour qu'on puisse voir autre chose en eux que de simples fonctionnaires.

« Les magistrats européens eux-mêmes, pris dans toutes les nations et ne pouvant ainsi former un corps de magistrature homogène, seront difficilement à l'abri des influences de toutes sortes, si puissantes en Égypte.

« Il ne faut pas oublier enfin qu'ici le chef du gouvernement n'a pas seulement des intérêts politiques, mais qu'il est aussi le plus grand propriétaire et le plus grand commerçant du pays... » (Très-bien ! C'est vrai ! sur divers bancs), « et que, par suite, il se trouve, dans bien des circonstances, mêlé personnellement aux discussions judiciaires.

« Ce n'est donc pas trop pour nous que cette garantie des juridictions consulaires et des cours d'appel françaises où tout le monde, d'ailleurs, Égyptiens ou Européens, trouve bonne et complète justice.

« Convaincus du patriotisme de l'Assemblée, nous osons espérer qu'elle ne voudra pas abandonner la politique séculaire de la France en Orient, en laissant disparaître les lois et les usages sur la foi desquels se sont créés et développés des établissements aujourd'hui prospères et dont l'avenir est menacé par les projets du gouvernement égyptien. » (Très-bien ! très-bien !

« Nous vous prions, monsieur le président et messieurs les députés, de vouloir bien agréer l'hommage de notre profond respect. »

Cette pétition, signée par soixante-deux résidents français, est légalisée par le consul général ; elle se trouve donc dans les conditions les plus régulières.

Elle a été soumise à la 19e commission, et elle me charge de vous donner connaissance du rapport que voici :

Messieurs, soixante-deux Français, habitant la ville d'Alexandrie (Égypte), et dont les signatures sont dûment légalisées, ont adressé une pétition à l'Assemblée. Cette pétition, incomplète sur quelques points, se rattache aux intérêts les plus graves, et, à ce titre, elle appelle et elle mérite une sérieuse attention.

Il s'agit du maintien des garanties consacrées par nos anciennes capitulations en Égypte et des tentatives que fait le gouvernement de ce pays, depuis plusieurs années, pour changer l'ordre des juridictions que les capitulations ont établi.

Comme vous le savez, les capitulations sont l'ensemble des traités et des usages reconnus, qui, dans les Echelles du Levant et en Égypte, règlent la situation légale des étrangers, et, par conséquent, de nos compatriotes. Les capitulations accordent des droits essentiels, des immunités précieuses sous le rapport de la sécurité des personnes et des possessions, de l'inviolabilité du domicile et principalement sous le rapport de la juridiction en matière civile et criminelle. Notre législation nationale a sanctionné les capitulations. Ainsi, l'édit de 1778, toujours en vigueur, a institué les tribunaux consulaires, qui statuent sur les procès civils ou commerciaux, soit entre Français, soit entre un Français et un musulman, lorsque le musulman est demandeur. Ces procès sont soumis, en appel, à la cour d'Aix. Ainsi encore, la loi du 28 mai 1836 a formulé un système complet en ce qui concerne la répression des crimes et délits.

Au point de vue historique et politique, la question du maintien des capitulations est une question éminemment française.

Sur divers bancs. Très-bien ! très-bien !

M. LE RAPPORTEUR. C'est à l'initiative de la France que, dès l'origine, elles furent dues; et elles sont aujourd'hui le dernier vestige de notre influence séculaire dans des contrées où le seul nom de la France était une protection et une sauvegarde. (Très-bien ! très-bien.)

Il faut ajouter que les capitulations sont nées de la nécessité des choses, c'est-à-dire du contraste radical qui existait entre la civilisation chrétienne et les usages des disciples de Mahomet. Sans des priviléges spéciaux, sans des garanties formellement stipulées, quel chrétien aurait voulu s'établir sur le sol musulman et y apporter l'industrie et le commerce ?

Mais, accoutumé à voir tout plier devant lui, le gouvernement égyptien souffre impatiemment une organisation qui assure aux étrangers, avec la tutelle des lois de leur pays, des juges éclairés et indépendants, et qui les exempte de la juridiction locale, imbue de tous les préjugés de religion et de nationalité, et dont les habitudes ne sont ignorées de personne.

C'est en 1867 que le vice-roi a déclaré ouvertement la guerre aux capitulations, sous l'apparence d'un projet de réforme judiciaire. Depuis ce moment, la question est entrée dans les voies diplomatiques. Vous savez notamment qu'en 1869 une commission internationale s'est réunie au Caire. Suspendues par les événements, les négociations ont été reprises et elles se poursuivent encore.

Ce que demande maintenant le gouvernement égyptien, ce qu'il prétend substituer aux juridictions européennes, c'est l'institution de tribunaux mixtes composés de magistrats indigènes et étrangers, tous choisis par le vice-roi, système condamné par l'expérience (car il y a déjà des tribunaux mixtes) et qui ne présenterait aucune garantie d'indépendance.

Des garanties sont pourtant nécessaires aux populations européennes fixées en Égypte. Elles le sont d'autant plus que, comme le font remarquer les pétitionnaires, le chef du gouvernement égyptien n'a pas seulement des intérêts politiques, il est le plus grand propriétaire, le plus grand commerçant du pays et, à ces titres divers, il se trouve mêlé directement ou indirectement à une multitude de procès.

M. GAMBETTA. A tous les procès !

M. LE RAPPORTEUR. Ce n'est pas ici le lieu de traiter la question de capitulations avec les développements qu'elle réclame. Qu'il me suffise de répéter que cette question est des plus graves, des plus dignes de l'intérêt de l'Assemblée. Elle passionne vivement nos nationaux, qui se sentent menacés dans leurs droits, dans leurs franchises. Il y a chez eux, — disait une commission nommée en 1867 par le ministre des affaires étrangères, — *une inquiétude qui va jusqu'à l'effroi*. Des réunions ont eu lieu ; des comités se sont formés de toutes parts. La pétition actuelle est un faible écho de cette protestation unanime.

M. GAMBETTA. C'est vrai !

M. LE RAPPORTEUR. La commission demande le renvoi de la pétition à M. le Ministre des affaires étrangères.

Telles sont, messieurs, les conclusions de la commission, qui auront, je l'espère, votre assentiment. (Très-bien ! très-bien !)

M. GAMBETTA. Je demande la parole.

M. LE PRÉSIDENT. La parole est à M. Gambetta.

M. GAMBETTA. Messieurs, le rapport que vous venez d'entendre, et dont les conclusions seront certainement approuvées par l'Assemblée, soulève une question que je regrette de ne pouvoir poser directement à l'honorable Ministre des affaires étrangères ; mais, comme il en prendra connaissance demain au *Journal officiel*, ma question pourra être résolue dans une prochaine séance. Je vais prendre la liberté de la poser devant l'Assemblée.

Les négociations relatives à l'installation d'une juridiction indigène dans les possessions du vice-roi d'Égypte se poursuivent en effet depuis quelques années. Plusieurs fois le Ministre des

Affaires étrangères actuel a eu l'occasion de s'expliquer à cette tribune sur ces négociations pendantes, et il nous avait toujours annoncé qu'il tiendrait l'Assemblée au courant, aussitôt qu'il le pourrait, de la suite des négociations et des pièces qui avaient été échangées, à propos de ces questions entre les diverses puissances. A l'heure qu'il est, depuis cinq mois, ces questions ne sont plus pendantes ; elles sont tranchées, elles sont résolues : nos agents ont signé. Je crois que le désespoir de nos nationaux, duquel a parlé l'honorable rapporteur dans le travail qu'il vient de vous soumettre, est malheureusement trop fondé.

Si vous n'intervenez pas au plus vite, vous vous trouverez placés en présence d'un fait accompli. Or, il y a longtemps, avant votre dernière séparation, on vous avait promis la distribution du *Livre jaune*, relatif à cette question des capitulations d'Égypte. Ce livre a été imprimé ; je sais qu'il existe en épreuves. J'en demanderai la publication et, de plus, la nomination, au sujet des capitulations, d'une commission spéciale devant laquelle on renverrait l'examen, non-seulement de cette question, mais encore de ces pétitions mêmes.

C'est là la question que je voulais poser devant l'Assemblée. (Très-bien ! très-bien !)

Quelques membres à droite. Mais on ne nous a pas présenté de projet.

M. JULES FAVRE. La convention est signée ; elle sera soumise à l'Assemblée.

M. MAURICE ROUVIER. Il y a cinq mois qu'elle est signée ! Pourquoi n'a-t-elle pas encore été déposée ?

Plusieurs membres. Quelles sont les conclusions du rapport ?

M. LE PRÉSIDENT. Les conclusions du rapport sont le renvoi de la pétition à M. le Ministre des Affaires étrangères. Je mets ces conclusions aux voix.

(Les conclusions du rapport de la commission sont mises aux voix et adoptées.)

M. LE RAPPORTEUR, *continuant.* Pétition n° 5590 *bis.*

Messieurs, au lieu de vous lire cette pétition qui est relative au même sujet, — cependant ce sont des griefs personnels, — je vais vous lire le rapport qui a été adopté par la commission ; je crois que cette lecture sera suffisante.

Sur divers bancs. Oui ! oui !

M. LE RAPPORTEUR. Messieurs, trois négociants français habitant l'Egypte et immatriculés au consulat général de la ville d'Alexandrie, où ils demeurent, ont, à la date du 19 mai de cette année, déposé une pétition, qu'ils ont l'honneur d'adresser à l'Assemblée nationale, avec plusieurs pièces à l'appui. Ce sont MM. Bouju, Honoré Paget et Maillet.

Ils se plaignent d'actes graves de la part du gouvernement égyptien, et ils réclament la protection de la mère-patrie.

Comme chacun des pétitionnaires a un intérêt séparé, né d'affaires différentes, il faut nécessairement distinguer entre eux.

. . . .

M. GAMBETTA. Je demande la parole.

Plusieurs membres. L'ajournement ! l'ajournement !

M. GAMBETTA. En présence du renvoi prononcé tout à l'heure sur une question de principe qui embrasse l'ensemble de la question des capitulations, il me semble que, sur un rapport d'un caractère plus restreint, presque personnel, puisque ce sont des négociants français qui se plaignent de certains détriments apportés à leur fortune, l'Assemblée, pour ne pas donner trop de faveur à des réclamations individuelles et leur créer ainsi une situation privilégiée, peut suspendre ou ajourner sa décision... (Assentiment) — cela ne compromettrait aucun intérêt — en demandant toutefois au ministre de vouloir bien prendre un jour pour ce débat, débat d'ensemble comme débat individuel. (Appuyé! appuyé!) Par conséquent, l'ajournement va de soi. (Oui! oui! — Très-bien!)

M. LE PRÉSIDENT. Je consulte l'Assemblée sur l'ajournement.

(L'Assemblée, consultée, prononce l'ajournement.)

CONVENTION

Le 26 septembre 1874, S. E. Chérif Pacha, Ministre de la justice de S. A. le Khédive et M. le Marquis de Cazaux, agent et consul général de France, agissant par ordre et sur les instructions de leurs gouvernements respectifs, ayant eu une dernière conférence pour arriver à une entente définitive, relativement aux conditions auxquelles le gouvernement Français, selon la dépêche du 17 courant, adhérait à la réforme judiciaire en Egypte, ils ont convenu ce qui suit :

ART. 1.

Les tribunaux consulaires continueront à être compétents pour juger sur les accusations des banqueroutes frauduleuses dont il s'agit dans le paragraphe de l'article 8, titre II, du règlement.

ART. 2.

Pour le choix d'un des juges de première instance, le gouvernement égyptien s'adressera à S. E. le Ministre de la justice en France selon la forme prévue pour la nomination des conseillers de la cour d'appel, et sera, de préférence, placé au tribunal du Caire.

ART. 3.

Un des membres du Ministère public sera choisi parmi les magistrats français et il est expressément entendu que, si une nouvelle chambre était créée à l'un des tribunaux du Caire ou de Zagazig, et s'il venait par conséquent à s'augmenter le personnel au parquet, un autre de ses membres sera choisi dans la Magistrature française.

ART. 4.

En ce qui touche la révision du code égyptien, le consul de France adressera à S. E. le Ministre de la justice, dans le délai de quinze jours, une note qui établira le point de détail à éclaircir dans la rédaction et l'économie de la nouvelle législation et pour enlever les contradictions.

ART. 5.

La réserve relative au statut personnel et omise dans l'art. 9 du réglement organique, sera établie au texte de ce règlement.

ART. 6.

Le gouvernement français désirant, comme le gouvernement Austro-Hongrois, que la cour d'appel et les tribunaux, avant de se constituer, établissent en principe, dans la composition des chambres, qu'un juge de la nationalité de l'européen en cause siége dans la chambre appelée à en connaître, le gouvernement Égyptien, conformément à ce désir, appellera l'attention du corps de la magistrature chargée seule de faire le règlement de service des tribunaux sur l'idée suggérée par le gouvernement de S. A. I. et R. de composer le tribunal chargé de juger, de manière que l'un des juges de la nationalité du défendeur soit, autant que possible, appelé à statuer.

ART. 7.

Les immunités du corps consulaire, ainsi que tous les priviléges, toutes les prérogatives et exemptions dont les consulats étrangers et leurs fonctionnaires jouissent, en vertu des traités en vigueur, seront maintenus; par conséquent, les agents diplomatiques, leurs familles, les consuls et toutes les personnes attachées aux consulats, ne seront pas justiciables des tribunaux mixtes, et les nouvelles lois ne seront applicables ni à leurs personnes, ni à leurs maisons d'habitation; la même réserve est expressément stipulée en faveur des établissements catholiques, religieux et autres placés sous le protectorat de la France.

ART. 8.

Les nouvelles lois, les nouvelles organisations, n'auront pas d'effet rétroactif, suivant le principe inscrit dans le code civil égyptien.

ART. 9.

Les réclamations déjà pendantes contre le gouvernement égyptien, seront soumises à une commission composée de trois magistrats de la cour d'appel, choisis d'accord par les deux gouvernements; cette commission décidera sommairement et sans appel, et établira elle-même la forme de la procédure à suivre auprès d'elle.

ART. 10.

Ces mêmes réclamations pourront, toutefois, si les intéressés le préfèrent, être portées devant une chambre spéciale d'appel, composée par le corps des magistrats appartenant aux tribunaux et à la cour, et constituée conformément aux dispositions convenues entre le gouvernement égyptien, celui d'Autriche-Hongrie et quelques autres gouvernements; ces deux chambres, bien que jugeant d'après les règles de la procédure des nouveaux tribunaux, statueront au fond, conformément aux lois et coutumes en vigueur au moment des faits qui auront motivé les demandes.

ART. 11.

Les affaires qui concernent à la fois des réclamations de plusieurs nationalités, seront jugées d'après celui de ces deux modes qui sera convenu entre leurs gouvernements respectifs.

ART. 12.

Le règlement de ces affaires commencera avec l'installation

des nouveaux tribunaux, et continuera pendant leur fonctionnement.

Les stipulations consignées dans le présent procès-verbal, seront soumises, dans le plus bref délai, à la ratification des deux gouvernements.

Procès-verbal du 10 *novembre* 1874, qui ne modifie en rien celui du 26 septembre.

Note sur les dernières négociations relatives à la Réforme judiciaire en Égypte, émanant des avocats français d'Alexandrie.

On sait déjà combien les projets de *Réforme judiciaire* du gouvernement égyptien avaient excité d'inquiétude dans les colonies européennes et, notamment, dans la colonie française.

Il serait superflu de revenir sur ce point. Il nous suffira de dire que les raisons précédemment données pour combattre ces projets conservent toute leur force.

Nous voyons cependant les négociations continuer leur cours et le consul général de France aurait même, le 26 septembre dernier, signé une convention dont il circule des copies et qui résoudrait définitivement la question, sauf ratification de la part de l'Assemblée nationale.

Nous ne savons s'il existe, en l'état, des raisons ou des nécessités politiques échappant à notre appréciation et qui seraient de nature à faire accepter, en principe, par le gouvernement français la nouvelle organisation qu'on propose.

Force nous est donc d'entrer dans le détail des stipulations qui paraissent être intervenues.

Or, la première chose que nous y remarquons, c'est l'absence de toute réserve relative aux capitulations.

Nous ne doutons pas que, dans l'esprit du négociateur français, cette réserve n'existe et c'est probablement parce qu'elle est déjà contenue dans les procès-verbaux de la commission du Caire, d'où est sorti le premier projet de règlement, qu'on aura cru inutile de la rappeler.

Nous pensons, au contraire, qu'il y aurait une véritable importance à consacrer de nouveau ce maintien des capitulations.

On ne saurait se méprendre, en effet, sur les tendances du gouvernement égyptien, dont les efforts constants s'appliquent à détruire, s'il était possible, les priviléges garantis par ces traités, et qui sont encore si nécessaires à notre existence en Orient.

Ainsi, on n'a pas oublié les tentatives faites par le gouvernement égyptien pour soumettre les Européens à des impôts dont les traités leur assurent l'immunité.

Ces tentatives peuvent recommencer et tout autorise à croire qu'on attend uniquement, pour cela, la constitution des nouveaux tribunaux.

Ce ne sera plus alors, en effet, aux consulats, mais aux tribunaux de la Réforme qu'on s'adressera pour contraindre les Européens au paiement des nouvelles taxes, dont les juges n'auront pas même à discuter le principe et qu'ils se borneront à appliquer.

Il serait donc indispensable de prévenir le danger par des réserves formelles.

Nous ne nous étendrons pas sur ce qui concerne la constitution même des tribunaux. Il faudrait, pour pouvoir aborder de nouveau cette question déjà plus d'une fois discutée, connaître le projet actuel de règlement, tel que l'a arrêté la commission de Constantinople.

Mais ce projet n'a pas été publié. On a tenu à laisser le public dans l'ignorance.

Nous nous bornerons donc à dire, en ce qui concerne spécialement la convention, que l'introduction d'un juge français, en première instance, dans les conditions où elle est stipulée, sera, par le fait, illusoire pour la plus grande partie de nos nationaux, puisque ce juge unique fera partie du tribunal de première instance du Caire, seulement; les français résidant à Alexandrie et justiciables du tribunal de cette ville, ceux de Zagazig, de même, ne profiteront donc nullement de sa présence et on ne voit pas pourquoi elle leur serait moins utile, moins nécessaire qu'à ceux du Caire.

Mais il est un point sur lequel nous avons besoin d'appeler l'attention de ceux qui ont à examiner ces projets : c'est ce qui concerne les nouveaux codes préparés par le gouvernement égyptien.

Ces codes, ou plutôt ces projets de codes, élaborés avec une étrange précipitation, ont besoin d'une révision et on pourrait presque dire d'une refonte complète.

Il résulte des termes mêmes de l'art. 2 de la Convention qu'il y a non-seulement des détails à éclaircir, mais que l'économie même de la nouvelle législation est défectueuse et présente des contradictions.

Or, une révision de cette nature peut-elle se faire utilement sur une simple note dont on exige la présentation sous quinzaine sans discussion, sans débat public?

Personne ne le croira; il ne s'agit pas d'un simple travail de rédaction, il y a à étudier des questions de la plus haute importance, quelques-unes toutes spéciales et toutes nouvelles.

Nous ne pouvons entrer ici dans aucun détail à cet égard: qu'il nous suffise d'indiquer que la propriété, dans les projets du Code civil, arrive à devenir illusoire pour la majeure partie du sol de l'Égypte, que les questions transitoires et celles qui naîtront forcément du concours des lois personnelles réservées avec la nouvelle législation, sont à peine effleurées.

Qu'enfin, même en matière commerciale, aucun des progrès de la législation moderne n'est conservé par le projet du code.

Or, il ne faut pas oublier que les Européens, par l'application entre eux de leurs législations particulières, profitaient, jusqu'à ce jour, de tous les progrès, et qu'on ne pourra sans jeter un véritable trouble dans les affaires, les ramener à des principes si différents.

Il serait donc indispensable qu'une discussion approfondie eût lieu au sein d'une commission assez nombreuse pour réunir les lumières de la science à l'expérience pratique des affaires du pays.

Ces questions généralement ainsi parcourues, nous arrivons à ce qui concerne le règlement des affaires pendantes contre le Gouvernement égyptien.

A cet égard, nous ne voulons pas discuter la composition de la commission d'arbitrage proposé. Nous supposons que le pouvoir laissé au Consulat général de choisir les arbitres concurremment avec le Gouvernement égyptien, sera exercé de manière à assurer des juges équitables; nous ne pouvons nous empêcher cependant de regretter une autre combinaison qui avait semblé devoir être adoptée et qui faisait concourir au jugement de ces affaires des membres de la colonie. Il y aura, en effet, d'après la convention même, à apprécier des lois, des usages profondément inconnus aux membres de la nouvelle magistrature et sur lesquels l'expérience des anciens résidents du pays auraient pu les éclairer utilement. Mais il est un point qui ne saurait être passé sous silence : c'est celui qui attribue à la commission arbitrale le droit absolu de prescrire elle-même les règles de procédure à suivre devant elle. Il nous semble indispensable d'exprimer que, dans tous les cas, la liberté et la publicité de la défense devront être assurées et que les parties devront toujours être admises à plaider et à publier, si elles le jugent convenable, des mémoires.

Sans doute, il est à croire que la commission arbitrale ne supprimerait pas ces garanties essentielles ; n'oublions pas cependant que nous pourrons nous trouver en présence de juges nourris dans des idées très-différentes des nôtres et que, par conséquent, il n'est pas inutile de stipuler d'une manière formelle ce qui nous paraît le plus incontestable.

Enfin, la convention admet que les affaires pendantes seront jugées, soit en arbitrage, soit devant une chambre spéciale des nouveaux tribunaux pendant que ces derniers fonctionneront. Et pourtant, il avait toujours été reconnu que ce règlement des affaires anciennes devait être, non pas simultané, mais préalable au fonctionnement de la nouvelle organisation judiciaire.

On conçoit, en effet, quelles entraves, quelle lenteurs le Gouvernement pourra opposer à toutes ces affaires, du jour où, en possession de sa réforme, il n'aura, pour sa part, plus rien à désirer.

Le choix des arbitres, l'établissement d'un règlement de procédure, peuvent être autant d'occasions de retarder, de rendre illusoire l'arbitrage promis, et même, une fois constitué, de nouvelles difficultés peuvent naître à chaque pas. Déjà il est question de choisir même, dit-on, avec le concours de quelques-uns des nouveaux magistrats, les affaires qui méritent un règlement immédiat, auquel il serait procédé à l'amiable. On comprend quel préjugé un pareil triage jetterait contre les affaires réservées à la commission arbitrale et combien peu nous pouvons espérer un concours sincère du Gouvernement pour leur solution.

Le concours qui seul pourrait permettre à l'arbitrage convenu d'avoir un résultat efficace, il n'y a qu'un moyen de l'assurer, c'est d'exiger le règlement préalable.

Alexandrie, le 23 novembre 1874.

Signé : A. GILLY ; GEO. MATHIEU ; A. DE REGUSSE ;
TH. JAEGER ; J.-B. BIDA.

Observations sur la convention intervenue le 26 septembre 1874, *entre Monsieur le Consul général de France en Égypte* (M. le marquis de Cazaux) *et le représentant du gouvernement égyptien* (S. E. Chérif-Pacha, ministre de la Justice) *au sujet de la réforme judiciaire, émanant de membres de la colonie française.*

Avant d'examiner les détails de cette convention, nous ferons quelques observations générales qui nous sont suggérées par les faits et agissements qui ont précédé cette convention et auraient dû éclairer le représentant de la France et lui faire prendre des précautions qu'il a omises.

On a dit depuis longtemps que l'acceptation de la réforme judiciaire en Égypte serait forcément l'abrogation complète des capitulations qui étaient la sauvegarde des Européens, dans ce pays *où le fanatisme musulman existe toujours et au même degré;* or dans la convention du 26 septembre, on a omis de dire un seul mot *des capitulations, on a évité avec soin d'en parler: cela est regrettable, car c'est réellement les abroger d'un trait de plume*, surtout si l'on considère que, par l'article 7e de la dite convention, on mentionne avec soin *la réserve des immunités précédentes au profit des consulats et des établissements religieux;* il est évident qu'en faisant cette réserve spéciale, on entend abandonner les immunités stipulées jadis au profit de tous les Européens. Ce silence au sujet des capitulations a été évidemment intentionnel de la part des deux hauts contractants, c'est laisser une porte ouverte à l'interprétation, à la chicane, et je ne crois pas qu'elle puisse être favorable aux Européens.

Dans la convention du 26 septembre 1874, le représentant de la France s'est mis à la remorque du gouvernement *Austro-Hongrois* pour certaines stipulations (*art.* 6) mal définies, ou plutôt un simple désir exprimé, *il aurait dû bien prendre aussi dans la convention Austro-Hongroise ce qu'il y avait de bon, c'est-à-dire la réserve formelle au sujet des capitulations.*

Après avoir lu cette convention, l'on est vraiment surpris d'un si mince résultat *après plus de trois ans de luttes* qui auraient dû élucider la question et mettre la diplomatie à même de faire une convention aussi claire que précise, aussi complète qu'avantageuse pour les Français, car cette convention pouvait et aurait dû être avantageuse pour les Français.

Jusqu'à ce jour les Européens résidant en Égypte avaient été dispensés *des impôts personnels, de toute contribution mobilière;* dans ces derniers temps, on a voulu commencer à leur faire payer certains impôts, par exemple celui sur les voitures et autres, les consuls en ont préservé leurs administrés. Le Ministre des affaires étrangères de France a été interpellé à la Chambre à ce sujet au mois de juin dernier et il avait répondu *qu'il ne serait porté aucune atteinte aux capitulations.* Ce précédent récent nous permettait d'espérer que, dans la convention pour la réforme judiciaire, il serait fait une réserve à ce sujet, mais il n'en a rien été et l'on ne parle pas plus de cette immunité spéciale que des autres. Cela peut être *de la haute diplomatie,* mais ne nous paraît guère pratique et encore moins prudent, car tous ici savent que le gouvernement égyptien *a l'intention de faire payer aux Européens tous les impôts personnels que l'on paie en Europe (cote personnelle et mobilière, patente, impôts sur le luxe, etc., etc., etc.),* et en lisant avec soin les codes compliqués *et invisibles que le gouvernement tient en réserve,* on y trouve le germe de tous ces impôts, l'intention d'en frapper les Européens. Pourquoi n'avoir pas prévu cette éventualité désastreuse dans la convention du 26 septembre? Nous soumettre au paiement des impôts *c'est nous livrer à l'arbitraire de l'administration égyptienne, qui n'est point reformée et restera ce qu'elle est, ignorante, vexatoire et arbitraire.*

Au point de vue politique, cette convention est aussi fâcheuse qu'au point de vue de l'intérêt matériel de la colonie française, *l'influence française disparaît avec les immunités séculaires dont jouissaient ses nationaux en Orient; en outre, la France rend assez de services en Égypte pour exiger d'elle une convention plus complète et plus avantageuse.*

Examinons maintenant quelques-uns des articles de cette convention et tâchons d'en comprendre la portée, nous y verrons bien des lacunes et surtout bien des dangers.

1° Sur *l'article 4.* On y parle de révision des codes Égyptiens et d'enlever les contradictions qui s'y trouvent. Il nous semble qu'avant de faire la convention il eût été prudent d'exiger cette révision, et Dieu sait si elle est nécessaire; nous avons examiné les codes qui ont été publiés il y a trois ans et nous avons relevé *près de deux cents contradictions;* je ne veux rien dire des anomalies. Il paraît que ces codes ont été révisés avant le mois d'août dernier et qu'à ce moment *on en a fait imprimer cinq mille exemplaires.* On avait donc eu le temps *de les faire examiner par plusieurs jurisconsultes et de signaler, avant de signer la convention, les modifications que l'on exigeait.* Il est vrai que le gouvernement égyptien *a tenu secrets les codes modifiés ; ils sont invisibles, ce fait seul aurait dû inspirer de la défiance à nos diplomates.*

Sur l'article 6. Il nous semble qu'au lieu d'exprimer un vœu, on aurait dû imposer comme règle que le juge ou le conseiller français siégeât toutes les fois qu'un de ses compatriotes serait en cause, cela était utile à divers points de vue, mais notamment pour que le pauvre français plaideur ait la certitude d'être compris au moins par l'un de ses juges, ce qui pourra bien ne pas avoir lieu toujours. Et chacun sait ce que *valent des explications fournies par la partie quand elles passent par l'intermédiaire d'un drogman.*

Sur l'article 7. *Pourquoi stipuler des immunités spéciales au profit des établissements religieux?*

La réforme judiciaire est une bonne ou une mauvaise chose: si c'est une bonne chose, pourquoi en priver les établissements religieux, et si c'est une mauvaise chose, pourquoi y soumettre la colonie?

Sur l'article 8. Les affaires pendantes contre le gouvernement Égyptien seront jugées *par une commission de trois membres choisis parmi les magistrats de la Cour d'appel, qui fixeront eux-mêmes la procédure à suivre.*

La mesure est bonne en elle-même, mais le choix de la commission n'est pas heureux, car les juges des nouveaux tribunaux *seront tous des hommes ne connaissant pas le pays, et pour juger les affaires spéciales contre le gouvernement, les apprécier, il faudrait des hommes connaissant bien le pays et les administrations égyptiennes.*

Cette commission aurait dû être formée au moins en moyenne partie d'Européens habitant l'Égypte depuis longtemps et tout à fait étrangers au gouvernement égyptien.

En insérant la faculté pour la Commission *de régler elle-même la procédure à suivre devant elle, le gouvernement a l'intention évidente de supprimer la publicité des débats, ce qui a bien des inconvénients.*

Il eut été bien mieux que la commission réglât les affaires *avant et en dehors des tribunaux; car on peut craindre que la commission ne fasse traîner en longueur le règlement des procès qui sont aussi nombreux que compliqués; le gouvernement égyptien qui aura sa réforme et qui doit payer, ne pressera certainement pas la commission; au contraire il l'entravera.*

La preuve que le choix de la commission n'est pas heureux, c'est que déjà beaucoup de ceux qui ont des procès contre le gouvernement préfèrent avoir affaire aux nouveaux tribunaux et se sont prononcés à ce sujet : là du moins, ils auront deux degrés de juridiction *et surtout la publicité des débats.*

La convention du 26 septembre est donc incomplète et dangereuse, et il est à désirer que le Gouvernement français ne la ratifie pas; si elle est acceptée, ce sera la ruine de la Colonie française en Égypte.

Alexandrie, 12 novembre 1874.

Les avocats soussignés, consultés sur les deux points suivants :

1° Toutes les Puissances, excepté la France, ayant adhéré à la convention sur la réforme judiciaire en Égypte, quelle sera la situation des Français ?

2° Sera-t-elle intolérable, comme le disent les partisans de la Réforme ?

Après avoir conféré entre eux, émettent l'avis ci-après :

Cette question n'a été soulevée et mise en avant que comme un épouvantail, et les appréhensions manifestées ne résistent pas au plus simple examen.

EN FAIT

Il est de notoriété publique que toutes les puissances qui, à ce jour, ont accepté la réforme judiciaire, ont par un article secret, subordonné leur acceptation définitive à l'unanimité des adhésions, la Hollande, même, ayant stipulé ouvertement cette restriction.

Il n'y a donc aucun danger au refus de la France, ce refus ne pouvant qu'amener les autres puissances à se retirer.

EN DROIT

Le fait ne serait-il pas exact ou ne se réaliserait-il pas, le refus de la France, seule, ne créerait jamais la situation que les partisans de la Réforme semblent redouter pour les Français.

En effet, il n'est pas douteux que le tribunal consulaire de France restera le tribunal compétent pour juger les Français défendeurs, et nul ne s'en plaindra pas plus dans l'avenir que par le passé.

Est-il vrai que le Français demandeur ne pourra plus s'adresser aux tribunaux consulaires étrangers?

Comme ces tribunaux, même après la réforme, continueront à fonctionner et à juger leurs nationaux entre eux, et, sur certains points parfaitement prévus et désignés, avec les étrangers; le Français pourra donc toujours actionner l'étranger et le citer devant son tribunal consulaire. Il le pourrait même, pour toutes les causes, sauf à voir le tribunal se déclarer incompétent et renvoyer alors les parties devant les juges appelés à en connaître.

Or, quels seraient ces juges?

Évidemment les juges des nouveaux tribunaux, le nouveau tribunal en un mot.

Le tribunal serait-il compétent?

Évidemment, oui!

C'est la qualité du défendeur qui fixe et détermine la compétence; or, les étrangers ayant accepté la nouvelle juridiction, relevant dès lors de cette juridiction, les nouveaux tribunaux seront compétents pour les juger.

Cela étant admis, les nouveaux tribunaux pourront-ils refuser de connaître d'un procès intenté par un Français demandeur, sous le prétexte que la France n'a pas participé à leur création?

Admettre l'affirmative serait le renversement de tous les principes, ce serait consacrer un véritable déni de justice, et bien certainement des magistrats européens reculeront devant une pareille extrémité que rien dans aucune loi n'autorise.

Mais, le feraient-ils, le Français aurait alors le droit d'invoquer les anciens traités nullement abrogés pour lui et pas davantage abrogés entre lui et les autres puissances, et de sommer en quelque sorte ces autres puissances de lui rendre justice.

Au pis-aller et en cas de refus formel, la France n'aurait qu'à user de réciprocité et refuser toute satisfaction aux étrangers demandeurs contre les Français.

De cet état de choses, préjudiciable surtout pour les étrangers, résulterait bien vite une entente entre les Consulats qui ne feraient en cela que sauvegarder réciproquement les intérêts bien compris de leurs nationaux, et peut-être alors sortirait-il de ce mal passager la seule réforme désirable et possible en Égypte, une réforme judiciaire entre Européens et par suite la création d'un tribunal international européen, qui entraînerait le gouvernement égyptien à organiser la justice locale de manière à offrir aux Européens demandeurs contre des indigènes, des tribunaux dignes de ce nom.

Mais, nous le répétons, cette évantualité n'est pas présumable ; et, s'il en fallait une preuve, nous la trouverions consignée dans une dépêche de M. le marquis de Cazaux, agent et consul général de France en Egypte, ainsi conçue :

« La plupart des puissances ayant accepté aujourd'hui « la juridiction d'un nouveau tribunal destiné à juger et à « centraliser tous les procès mixtes, nos négociants, si « nous persistons dans notre abstention, vont se trouver « très-embarrassés pour faire valoir leurs droits contre « les maisons étrangères avec lesquelles ils sont en rap-« port. Les tribunaux consulaires auxquels ils s'adresse-« ront se déclareront naturellement incompétents, et le « consul-juge français conservant, au contraire, sa pleine « juridiction, nos nationaux pourront néanmoins être « poursuivis comme défendeurs. V. E. comprend que « dans un centre commercial aussi important que celui « d'Alexandrie, une pareille situation ne pourra se pro-« longer longtemps et que les Français les plus opposants « aujourd'hui seront les premiers à se sonmettre *avec ou « sans notre assentiment* à la juridiction des nouveaux tri-« bunaux. »

Puisque M. le Consul général de France indique que les Français en arriveront à porter leurs affaires même comme défendeurs devant les nouveaux tribunaux; et cela, dit-il, « *avec ou sans notre assentiment*, » n'est-ce pas constater d'une manière irréfutable d'une part, que les Français pourraient se pourvoir devant ces tribunaux, et, d'autre part, n'est-ce pas admettre d'une manière formelle la compétence des nouveaux tribunaux pour connaître de l'action intentée par le Français demandeur contre l'étranger défendeur.

En définitive, comme défendeur le Français sera justiciable de son tribunal consulaire actuel; comme demandeur, il aura toujours, soit le tribunal mixte actuel contre l'indigène défendeur; soit les tribunaux consulaires étrangers contre les étrangers défendeurs; ou, à défaut de ces tribunaux consulaires, ou du tribunal mixte, les nouveaux tribunaux qui les remplaceraient.

Rien ne serait donc changé pour le Français qui conserverait au contraire dans son intégralité l'inviolabilité de son domicile, ainsi que le privilége de ne pas être traîné, au gré de tous, devant les nouveaux tribunaux et de ne pas voir par suite, *sa fortune mise à la discrétion d'un gouvernement auquel on n'ose confier son honneur*. (Dépêche de M. le marquis de Cazaux, du 14 décembre 1873, pages 173-174 des documents diplomatiques.)

Le Français continuerait à jouir enfin des capitulations faites pour remédier à un tel état de choses qui, loin de s'être modifié, se développe au contraire chaque jour davantage, suivant les besoins et les caprices d'un pouvoir sans limites et sans frein, en raison même de l'aggravation de la situation financière.

A tous égards, donc, les Français n'ont qu'à gagner, en prestige, en influence, en justice, au refus de la France.

Alexandrie, le 10 mai 1875.

A. GILLY, A. NICOULLAUD, JAEGER, MATHIEU, BIDA, JOHANENC, DE RÉGUSSE.

PARIS. — IMP. VICTOR GOUPY, RUE GARANCIÈRE, 5.

NOTE

SUR

LA NOUVELLE LÉGISLATION

Proposée par l'Égypte.

Tout a été dit sur ce qui concerne en principe la Réforme judiciaire égyptienne et les craintes qu'elle peut faire naître. Mais on a peut-être moins étudié la législation qui doit régir les nouveaux tribunaux, et, sans essayer d'en faire une étude complète, ce qui exigerait les travaux collectifs d'une commission, il ne sera pas inutile, pensons-nous, de signaler dès à présent, sur certains points, quelques-uns des inconvénients et des dangers qu'elle présente.

On y verra principalement que le résultat immédiat des lois nouvelles serait non-seulement de créer à l'égard des Européens un nouveau pouvoir judiciaire, dans les conditions et avec les garanties qui sont en apparence le seul objet du débat, mais, en outre, de constituer vis-à-vis de nous, avec toute la force qu'il a jamais eue dans les pays les plus centralisés, un pouvoir administratif sans garantie et sans contrôle, auquel jusqu'ici nous échappions entièrement.

§ I.

C'est ce qui se trouve déjà posé, comme une sorte de principe constitutif, dans le règlement d'organisation judiciaire qui ouvre les nouveaux codes.

L'article 10 de ce règlement en établissant la compétence

des nouveaux tribunaux entre le gouvernement, les administrations et les daïras d'une part et les étrangers de l'autre, fait de ces tribunaux le seul intermédiaire entre nous et tout ce qui touche au Gouvernement égyptien. L'action consulaire est désormais absolument écartée.

Mais, d'autre part, l'article 11 fixant les limites de l'action judiciaire stipule que les nouveaux tribunaux ne pourront ni statuer sur la propriété du domaine public, ni arrêter ou interpréter une mesure administrative. Ils pourront seulement, et toujours sauf ces restrictions, « juger, dans les cas prévus par le code civil, les atteintes portées à un droit acquis d'un étranger par un acte d'administration. »

On voit immédiatement combien leur pouvoir est restreint et tout le champ qui reste à l'administration.

D'autre part, les mesures qui peuvent atteindre nos intérêts sans léser directement un droit acquis, nous seront désormais appliquées sans contestation ni recours.

Or, il n'en était nullement ainsi dans l'état actuel et nous pouvons en citer une preuve frappante. Lorsque, il y a quelques années, le Gouvernement égyptien voulut établir une municipalité à Alexandrie, offrant, pour que les Européens se soumissent à son action, d'organiser un conseil municipal mixte, les consulats rejetèrent le projet, parce qu'ils ne voulaient pas d'une autorité administrative, même mixte, à laquelle les Européens fussent directement soumis. Ils voulaient pouvoir toujours contrôler les règlements et les mesures de l'autorité locale et ne les laisser appliquer que quand elles leur paraîtraient sans inconvénient.

C'est cet état de choses qui va disparaître, l'intervention consulaire étant écartée et les nouveaux tribunaux ne pouvant protéger que des droits acquis dans les limites que nous aurons bientôt à examiner.

Il est à peine besoin d'insister sur l'importance du pouvoir ainsi conféré à l'administration locale ; sans parler de la question des impôts qui y est contenue tout entière, il y a encore tout ce qui touche aux règlements sur les constructions, sur l'industrie, sur le commerce, tout ce qui constitue en un mot la sphère administrative. Tout cela peut facilement devenir vexatoire et ruineux, sans aller jusqu'à léser directement un droit acquis. Nous en avons fait plus d'une fois l'expérience, et le pouvoir consulaire, quoique encore intact, suffisait à peine pour notre sauvegarde.

En Europe, l'administration présente des garanties et une organisation qui rassurent tous les intérêts ; elle sait apprécier les conséquences de ses mesures et on peut au besoin avoir justice contre elle-même devant ses propres tribunaux.

Ici rien de pareil ; il n'existe même pas de lois constitutives limitant l'action du pouvoir ou fixant les attributions de ses divers agents : de sorte qu'il ne servirait même de rien de poser la distinction des mesures légales et illégales. Rien ne peut, dans cette sphère, être contraire à la loi, puisqu'il n'existe pas de loi et que nous sommes en présence d'un pouvoir purement et simplement absolu. On voit quel est le danger de l'autorité qu'on lui donne et qui sera illimitée, quand elle ne sera pas en présence d'un droit acquis.

§ II.

Mais la protection qui semble accordée aux droits acquis sera-t-elle du moins efficace ?

Remarquons d'abord que, d'après la rédaction actuelle de l'article 11, il serait complétement illusoire, car il se réfère aux cas prévus par le Code civil qui n'en prévoit aucun.

Mais admettons, si l'on veut, qu'il s'agisse bien des droits acquis en général et qu'il n'y ait pas à tenir compte des mots : « dans les cas prévus par le Code civil. » l'article n'en contient pas moins trois restrictions au pouvoir judiciaire qui le réduisent à bien peu de chose.

La première est relative au domaine public.

Les nouveaux tribunaux ne pourront pas statuer sur la propriété du domaine public,

Dès lors, évidemment, plus de lutte possible avec le gouvernement en matière immobilière. Il lui suffira de déclarer que l'immeuble en litige appartient au domaine public pour que les tribunaux ne puissent plus statuer. Or, quelles sont les limites du domaine public en Egypte? C'est ce qu'aucune loi positive ne nous apprend. Et quand même il y aurait une loi fort claire, comme le Gouvernement serait seul chargé de l'appliquer, elle ne nous servirait pas à grand' chose.

Il est vrai que les tribunaux semblent, même dans ce cas, pouvoir, aux termes de l'article 11, juger les atteintes portées à un droit acquis. Mais cela est complétement illusoire; car, d'une part l'immeuble contesté passera toujours au domaine public; et, d'autre part, le tribunal sera forcé d'admettre, même en droit, que le domaine public était vraiment propriétaire; ce qui ne lui permettra guère, en bonne logique, d'admettre qu'il y ait un droit lésé.

Le Gouvernement aura donc un moyen fort simple de s'emparer des immeubles à sa convenance; c'est tout au plus si, dans certains cas, on pourra accorder au propriétaire dépossédé la consolation d'être traité comme un possesseur de bonne foi! Or il ne faut pas avoir vécu longtemps en Égypte pour savoir que le danger signalé ici n'est pas seulement théorique: il y a un an à peine, le Gouvernement égyptien avait émis la prétention d'être seul propriétaire de tout Ramlé.

Passons maintenant à la seconde restriction : Les tribunaux ne pourront pas arrêter l'exécution d'une mesure administrative. C'est-à-dire que l'administration pourra démolir nos maisons, saisir nos marchandises, nous expulser de chez nous, sans que personne, ni les tribunaux, ni les consuls, puisse arrêter ces *mesures administratives.*

Or, nous le répétons, l'administration ici ne présente aucune garantie, et s'il y a quelque part une apparence de progrès et d'esprit européen, ce n'est certes pas dans les divans des gouverneurs, des moudirs ou des préfets de police.

Il est vrai qu'on pourra, après que la mesure aura été exécutée, s'il y a un droit acquis lésé, accorder des dommages-intérêts ; mais ne voit-on pas que, dans mille circonstances, le mal aura pu être irréparable et que les palliatifs de la justice arriveront trop tard ?

L'administration aura pu ainsi, sauf des réparations plus ou moins douteuses, se débarrasser d'un *droit* gênant pour elle, car n'oublions pas que ce pouvoir exorbitant lui est donné même contre des *droits acquis.*

Mais ce n'est pas tout, voici la troisième restriction : Les tribunaux devront s'abstenir d'interpréter les mesures administratives.

Il est facile de voir que, grâce à cette réserve, il sera presque impossible au gouvernement d'avoir tort en justice. Il pourra toujours arrêter une instance en prétendant qu'il y a lieu à interprétation ; et comme cette interprétation ne pourra être donnée que par lui, elle lui sera forcément favorable.

Seul ainsi, il appréciera réellement les mesures prises par lui et les actes reprochés à ses agents, et pourra leur donner une couleur et une qualification qui s'imposeront aux tribunaux. Seul, il pourra interpréter les contrats et les concessions qui sont la source la plus fréquente des procès qu'on est obligé de lui faire : contrats et concessions qui rentrent bien dans la classe des actes administratif aux termes mêmes de la jurisprudence française.

Il pourra évidemment, dans ces conditions, affronter

sans crainte les nouveaux tribunaux ; car, en somme, ce ne sont pas eux qui le jugeront, c'est lui-même !

Telles sont les conséquences où nous nous trouvons conduits par la nouvelle organisation.

Sans doute, les principes posés dans l'article 11 sont à peu près conformes à ceux du droit public français, séparation du pouvoir judiciaire et du pouvoir administratif, indépendance de d'administration.

Mais il aurait fallu voir que ces principes n'avaient rien à faire ici, et qu'ils étaient contradictoires avec la réforme qu'on tentait d'établir.

On se trouvait, en effet, en présence d'une administration soumise à notre égard au contrôle du pouvoir consulaire, et vis-à-vis de laquelle, dans nos différends, nous traitions d'une manière entièrement indépendante par l'action diplomatique.

Il s'agissait de remplacer ce contrôle et cette action par le recours judiciaire aux nouveaux tribunaux. Il était donc évident que ces tribunaux constitués comme arbitres entre l'administration et nous ne devaient, pas plus que l'action diplomatique, être arrêtés par les prérogatives de l'administration. Les négociateurs égyptiens, en faisant appliquer nos maximes à une situation entièrement différente, ont fait à notre égard et contre nous une véritable révolution bien plus importante que l'organisation même des nouveaux tribunaux, et qui est, comme on l'a vu, pleine de dangers.

Ces dangers ont été déjà signalés par le rapporteur italien, M. Mancini, à la chambre des députés d'Italie ; il a parfaitement vu que, si on avait essayé de protéger les droits acquis, les intérêts étaient entièrement livrés au caprice de l'administration et ne pouvaient invoquer l'action des tribunaux.

Quant aux droits mêmes, tout en essayant d'éclairer le règlement égyptien par la loi italienne de 1865, qui a supprimé les tribunaux administratifs en Italie, il craint une procédure de conflit qui pourrait entraver singulièrement l'action de la justice, et il propose de faire juger les conflits par la cour d'appel.

Il est évident qu'il faudrait aller plus loin, car l'indépendance de l'administration en matière d'intérêts généraux et pour l'interprétation de ses actes, suppose des garanties que nous ne trouvons pas en Égypte.

Où sont, par exemple, les tribunaux administratifs auxquels, si le conflit était admis, il faudrait reporter la question d'interprétation ? La procédure de conflit n'est donc pas admissible.

Il faudrait par conséquent, si, en matière d'administration générale et quand il n'y a pas un droit particulier lésé, les tribunaux restent incompétents, que l'action consulaire fût conservée et que l'administration continuât, comme aujourd'hui, à ne pas avoir d'action directe sur nous.

Et lorsqu'un droit particulier est lésé, il est indispensable que les nouveaux tribunaux puissent à la fois suspendre, et même par une procédure très-rapide comme celle du référé, l'exécution de tout acte préjudiciable, et qu'ils aient entièrement le pouvoir d'interprétation.

Il est également nécessaire qu'ils puissent statuer même sur la propriété du domaine public; c'est-à-dire que les trois restrictions de l'article 11 devraient être supprimées.

§ III

La pensée qui a dicté l'article 11 se retrouve, du reste, encore dans la suite de la législation, et nous la voyons reparaître avec non moins de force dans la manière dont la propriété est organisée.

Le chapitre premier du Code civil, en définissant les diverses sortes de biens, établit, en effet, art. 19, que les biens haradjis ou tributaires appartiennent à l'État, et que les particuliers n'en ont que l'usufruit dans les conditions et les cas prévus par les règlements.

Cette définition est-elle conforme à la loi musulmane? C'est ce qui est au moins controversé, et même pour ceux qui admettent dans le gouvernement une sorte de domaine éminent sur ces terrains, le mot d'usufruit appliqué aux possesseurs paraît singulièrement réduire leurs droits.

Mais dans tous les cas, et indépendamment de cette question théorique, on le voit dès l'art. 19, le gouvernement se réserve le droit de faire, et par conséquent de changer les règlements qui établissent *les conditions de l'usufruit* laissé aux particuliers.

Jusqu'où ce pouvoir réglementaire pourra-t-il aller?

Arrivera-t-il jusqu'à détruire l'usufruit, à en modifier ou supprimer la transmissibilité? La réserve que stipule le gouvernement à cet égard est absolue.

Il y a longtemps qu'on a senti ce danger et, dès l'apparition des nouveaux codes, il a été question d'exiger du gouvernement la publication des règlements auxquels se référait le Code. Il ne paraît pas cependant que rien ait été fait dans ce sens ; et pourtant la matière est importante, car les terrains haradjis contiennent tous les terrains de culture, c'est-à-dire tout le sol égyptien, à l'exception des maisons et jardins des villes.

Il est donc essentiel de savoir quel sera le régime de cet usufruit qu'on veut bien laisser aux possesseurs.

Nous voyons déjà, dans le Code, deux dispositions peu rassurantes à cet égard : l'une est l'art. 45 qui annule l'usufruit pour cause d'inexécution des obligations ; l'autre est l'art. 46, actuellement 48, qui prive le possesseur d'un bien haradjis de son usufruit en cas de non-paiement du tribut.

L'historique de ce dernier article est assez remarquable : il existait sous le n° 46, dans la première édition du Code civil. Il avait disparu dans la petite édition de 1874, il reparaît dans la deuxième grande édition faite après la révision à laquelle avaient donné lieu les observations de la France (1).

Ainsi le droit de confiscation pour inexécution des obligations, ce qui pourra s'étendre à toutes les exigences des règlements locaux relatifs à la culture, à l'arrosage, etc., et pour non payement de tribut, est sanctionné par cette législation nouvelle qu'on nous présente comme un progrès et qui aggrave au contraire ce qu'avait de plus dur la législation musulmane !

Il sera facile au gouvernement, par des règlements vexatoires, par des surcharges d'impôts auxquelles il est accoutumé, de faire tomber malgré eux ceux qu'il voudra déposséder, dans un de ces deux cas de confiscation.

Eh bien, ce n'est pas tout : le gouvernement se réserve quelque chose de mieux : l'expropriation pour cause d'utilité publique *sans indemnité.*

L'art. 48 oblige les usufruitiers de terres tributaires ou DONNÉES EN ABADIÉ A SUBIR SANS INDEMNITÉ L'EXPROPRIATION DU QUART DE LEUR PROPRIÉTÉ, et s'ils sont dépossédés du quart, ils recevront une indemnité *en terrains*, c'est-à-dire qu'ils perdront la terre améliorée par eux, l'exploitation fructueuse qu'ils avaient créée pour être transplantés quelque part dans des terres incultes !

Tel est le sort qui sera fait à toute la propriété rurale en Égypte.

Que l'on combine cela avec les dispositions de l'art. 11 du règlement sur le domaine public, et on verra que le gouvernement égyptien a pris de bonnes précautions contre les facilités d'acquérir que la législation nouvelle sem-

(1) M. Mancini, ayant sous les yeux la petite édition de 1874, a vu que cette disposition draconienne n'existait plus : on voit comment il se trompait. Il se trompe encore quand il croit que les Fallahs bénéficieront de l'existence des nouveaux tribunaux. L'art. 10 du règlement organique stipule que ces tribunaux ne jugeront les procès du gouvernement que quand il s'agira d'*Étrangers*. Où donc alors est le progrès qu'on croyait voir pour la population indigène dans la nouvelle législation ?

blait au premier abord devoir préparer pour les Européens.

§ IV

Enfin, en matière commerciale, nous retrouvons encore cette part prépondérante faite à l'administration.

Les art. 46 et 47 du Code de commerce établissent, en effet, que nulle société anonyme ne pourra se former sans l'autorisatiou du khédive, et que les sociétés anonymes qui se fonderont en Égypte seront toutes de nationalité égyptienne et devront avoir en Égypte leur principal siége social. C'est là pour nous un système nouveau; jusqu'ici les sociétés anonymes qui se formaient sous un pavillon européen quelconque étaient soumises à la loi du pays sous le couvert duquel elles se mettaient.

Si cette loi exigeait l'autorisation gouvernementale, c'est à leur propre gouvernement et non au gouvernement égyptien que les sociétés s'adressaient. Si la loi ne demandait pas d'autorisation, et c'est le cas pour les Français, la Société se formait sans autorisation ; mais surtout il était admis pour tout le monde, et le cas s'est présenté souvent pour toutes les nationalités, que les sociétés formées en Europe pouvaient librement exercer leur commerce ou leur industrie en Égypte.

On voyait ainsi des sociétés se former dans une ville quelconque d'Europe et y avoir leur siége social, tandis que leur pricipale exploitation était en Égypte; et de même des sociétés, des banques notamment existant depuis plus ou moins longtemps en Europe, établir des succursales en Égypte.

Le nombre de ces sociétés, soit formées en Égypte, soit ayant leur siége social en Europe, est encore très-grand à cette heure. Qu'il nous suffise de citer une société immobilière; une société pour la fabrication de la glace ; la société du chemin de fer de Ramlé, les Moulins français, la société d'avances sur marchandises et de nombreuses banques.

Eh bien! C'est cette liberté, dont nous avons toujours joui sans conteste, qui nous a permis de créer en Egypte un mouvement commercial et financier si remarquable, c'est cette liberté qu'on veut nous enlever d'un trait de plume par un article inaperçu du Code de commerce qu'on ne regardait même pas, parce que l'on se disait qu'il ne faisait autre chose que de reproduire l'ancien code de commerce français!

Désormais, si cet article subsiste, les développements du grand commerce et de l'industrie pourront toujours être arrêtés par un simple veto du Gouvernement égyptien.

Et ce n'est pas là une appréhension chimérique: on a dit et répété que le souverain est ici mêlé à toutes les affaires, qu'il est le grand négociant, le grand industriel du pays; de là une disposition à se sentir gêné par toute industrie qui prend de trop grandes proportions, et l'histoire de certaines grandes sociétés qui étaient plus directement placées sous son influence en serait la preuve.

C'est lui seul qui pourra autoriser les nouvelles sociétés. Mais les sociétés formées en Europe pourront-elles échapper à cette nécessité de l'autorisation? L'article 47, qui exige que le siége social soit en Egypte, démontre évidemment qu'on a voulu nous empêcher d'éluder ainsi la nécessité de l'autorisation. Il faudra même probablement que les sociétés qui voudront établir en Egypte même de simples succursales se fassent autoriser.

On le voit, il ne s'agit plus ici de savoir si les nouveaux tribunaux offrent plus ou moins de garantie aux intérêts qui viendront se débattre devant eux; il s'agit d'un pouvoir discrétionnaire donné au gouvernement égyptien lui-même, c'est-à-dire en bien des cas au concurrent actuel ou possible des industries qui solliciteraient son autorisation.

Mais il y a plus, l'article 47 établit que les sociétés qui

se formeront sous l'anonymat seront toutes de nationalité égyptienne. Cet article est extrêmement important; car on se souvient que l'article 10 du règlement d'organisation judiciaire n'attribue compétence aux nouveaux tribunaux dans les procès contre le gouvernement et l'administration que quand il s'agit d'étrangers.

Les Indigènes, les Rayahs ne peuvent recourir contre le gouvernement à cette nouvelle juridiction, et de même le gouvernement n'a pas besoin de s'adresser à elle quand il veut les poursuivre. Or, si toutes les sociétés anonymes sont déclarées indigènes, elles sont du même coup soustraites à la protection des nouveaux tribunaux et n'ont plus aucun intermédiaire entre elles et l'administration. Ce n'est donc pas seulement le pouvoir d'autoriser que prend le gouvernement égyptien; il s'attribue par cet article un pouvoir absolu, un droit de vie et de mort sur les sociétés pendant toute leur durée.

Cela est-il admissible? et, sous prétexte de réformer la justice, peut-on livrer ainsi les plus hauts intérêts du commerce européen à l'arbitraire du vice-roi?

Notons qu'il n'y a pas même de dispositions transitoires pour arriver à un si grand changement et que nous ignorons quel sera le sort des Sociétés qui fonctionnent actuellement sous l'autorisation égyptienne.

A côté de cela, le nouveau code laisse à peu près sans règle tout ce qui concerne la formation ou l'administration des Sociétés anonymes ou en commandite. Il se contente du droit commun et ne reproduit presque aucune des garanties par lesquelles les lois de 1856 et de 1867 ont cherché en France à sauvegarder, dans cette matière, la moralité publique et les intérêts des tiers.

Tout cela, évidemment, doit être remanié : L'autorisation gouvernementale, la nécessité d'avoir un siége social en Egypte, la nationalité Egyptienne imposée; tout ce qui, en un mot, n'est qu'une arme pour l'administration égyptienne sans être une garantie pour les associés ni pour les tiers, doit être supprimé et remplacé par des dispositions analogues à celles qui, dans nos lois, régissent la constitution de ces sortes de Sociétés.

§ V.

Une dernière disposition complète cet ensemble de pouvoirs que la législation nouvelle attribue si largement au Gouvernement égyptien, c'est celle qui (art. 203 du code de commerce) donne au ministère public, c'est-à-dire à un agent révocable du Khédive, le droit de requérir la mise en faillite d'un négociant. Il est inutile d'insister sur l'importance et l'étrangeté d'une pareille disposition, qui permettrait au Gouvernement de s'immiscer dans les situations les plus délicates, et de profiter du moindre moment de gêne pour discréditer et perdre irrévocablement les maisons dont les chefs auraient pu lui déplaire.

On le voit, en restant dans ce même ordre d'idées, nous avons vu les conséquences de la Réforme telle qu'elle a été organisée par ses auteurs, aller bien au delà de la simple constitution de tribunaux destinés uniquement, disait-on, à simplifier l'action de la justice.

C'est le pouvoir administratif du Khédive qui est fort habilement constitué du même coup et s'étend désormais sur les Européens sans restrictions ni contrôle, sans contrôle même des nouveaux tribunaux frappés d'impuissance à son égard par de savantes précautions!

Et comme cela ne suffisait pas, des dispositions spéciales sur le domaine public, sur les terrains haradjis, sur les Sociétés et les faillites viennent, d'une manière expresse, remettre dans sa main la propriété immobilière, les grandes entreprises commerciales, l'existence même de nos maisons de commerce. C'est ce que nous tenions principalement à faire remarquer.

Il y aurait bien d'autres inconvénients sans doute à signaler :

Ainsi nous ne trouvons nulle part les facilités que les législations actuelles accordent au gage commercial; l'art 91 du Code de commerce indique, au contraire, qu'il doit être constitué conformément aux règles du droit civil, même quand il s'agit d'un commissionnaire, à la seule exception des cas où les marchandises lui ont été expédiées d'une autre place. Or, l'adoption d'un pareil principe porterait une véritable perturbation dans le commerce, car, grâce à l'organisation actuelle des juridictions, le commerce européen a pu appliquer et faire entrer dans un usage journalier les règles nouvelles qui facilitent le gage commercial; des sociétés se sont même formées dans ce but, et, à vrai dire, toutes les banques du pays en font une des branches de leurs affaires. On ne peut vouloir aujourd'hui détruire tout cela et faire rétrograder le commerce à un état de choses reconnu partout comme impraticable. Mais nous ne voulons pas nous étendre sur ce sujet, ni sur les autres matières que les nouveaux codes présentent à la discussion, cela sortirait du but que nous nous sommes plus spécialement proposé dans cette note.

Chose remarquable! la plupart des observations que nous venons d'indiquer sont reconnues comme justes par les partisans mêmes de la réforme. Aucune modification ne se fait cependant, et il semble même qu'on prépare la promulgation définitive des codes dans leur état actuel.

Il serait donc indispensable, si l'on devait donner suite à ces nouveaux projets d'organisation judiciaire, que les modifications à apporter dans le règlement et dans les codes fussent stipulées d'une manière formelle et d'avance, car de simples réserves seraient évidemment sans aucun effet.

Alexandrie, le 14 juin 1875.

PARIS. — IMP. DE VICTOR GOUPY, RUE GARANCIÈRE, 5.

Pour paraître prochainement

LA

CRISE FINANCIÈRE
OTTOMANE

DEVANT

LES CAPITULATIONS

PARIS. — IMP. VICTOR GOUPY, RUE GARANCIÈRE, 5.

www.ingramcontent.com/pod-product-compliance
Ingram Content Group UK Ltd.
Pitfield, Milton Keynes, MK11 3LW, UK
UKHW020246250726
13967UKWH00004B/1540

9 782013 183000